JN436248

아찔한 길

이 도서의 국립중앙도서관 출판시도서목록(CIP)은 e-CIP 홈페이지
(http://www.nl.go.kr/ecip)에서 이용하실 수 있습니다.
(CIP 제어번호 : CIP2017013187)

아찔한 길

2017년 6월 2일 초판 1쇄 인쇄
2017년 6월 9일 초판 1쇄 발행

지은이 | 정영숙
펴낸이 | 孫貞順
펴낸곳 | 도서출판 작가
서울 서대문구 북아현로 89 버금랑빌딩 2층(우03761)
전화 | 365-8111~2 팩스 | 365-8110
이메일 | morebook@morebook.co.kr
홈페이지 | www.morebook.co.kr
등록번호 | 제13-630호(2000. 2. 9.)

편집기획실장 | 이승철
편집 | 손희 김민정
디자인 | 오경은
영업 | 손원대
관리 | 이용승

ⓒ정영숙
ISBN 978-89-9481568-8 (03810)

* 이 책은 문화체육관광부 (재)전남문화관광재단에서 제작비 일부를 지원받았습니다.
* 잘못된 책은 구입하신 서점에서 바꾸어 드립니다.
* 지은이와의 협의 하에 인지를 붙이지 않습니다.

값 10,000원

아찔한 길

정영숙 시집

작가

■ 시인의 말

봄꽃처럼 빛나던 때가 언제였던가.
지나가버린 시간이 꿈결 같다.
때론 슬픔이었고, 고통이었던 날들이
하루씩 쌓여서 발효를 거듭하고 있다.
조금씩 삭히다 보면 더 단단해지지 않을까.

훈훈한 기운이 올라오는 거리에
잊을 수 없는 그 얼굴을 잠시 떠올려본다.
편안하게 입꼬리가 올라간 미소가
꽃잎을 흔들고 있다.
바람처럼 가버린 봄날의 귀가를 기다린다.

2017년 5월
정영숙

차례

제2부 달콤 쌉싸래한 표현 방식

제3부 아찔한 길

제4부 우비 입은 쏘쌀리또

해설

제1부
백양은 봄빛이다

느림의 미학

동네 노인 한 분이 거북등을 한 채
달팽이처럼 느리게 수레를 끌고 있다
수레 가득 쌓인 종이 박스들은
한겨울 바람 속을 걷는 낙타등 같다
사륜 차량들이 경적을 울려도
늙은 수레는 묵묵히 제 길을 고집한다
마침내 생의 마당으로 올라선 노파가
지나쳐 온 삶의 굽이굽이를 바라다본다

오십견

삼복의 햇살이 왼쪽 어깨에 내려와
코옥콕 힘줄에 침을 놓는다
오그라진 현에서 나는 비명소리
톡톡, 톡, 톡 ,톡 눈알 찌를 듯이
햇살 밭으로 흩어진다

달궈진 인두가 찌르듯
섬짓하게 스치는 통증,
오십년 무급 노동에 시달려 온
항의 농성자들 윽박지르고 얼려서
겨우 숨 죽여 가며
펜촉으로 쭈욱쭉 긁어 놓은
살갗에 할켜 놓은 지문 위에
긴장한 세포들이 곤두선다

빗살무늬 붉게 번진 피멍자리에
갓 태어난 아기 엉덩이처럼
푸른 몽고반점 그려 놓고

새롭게 태어나라 한다
어깨에 짊어져온 집 한 채 내려놓고
이제 마음의 솥에 흘린 밥물 그만 닦으라 한다
팔에 힘을 조절해 가며
조심조심 행주를 비틀어짠다.

개망초

화려한 봄꽃들 한바탕
소나기 퍼붓듯 지나가고
논두렁 밭두렁 틈과 틈 사이에
비집고 들어선 달걀꽃 무더기 속에
소박한 밥상 차려져 있다.

옹색한 어린 자취생에게
새하얀 접시에 그림 같은 계란 후라이
금귤 한 알 떠올리듯 샛노란 노른자
머뭇머뭇 젓가락에 침 발라
동생과 눈치 살피던 눈물꽃
깔깔한 입맛 지나치기 서운해
빵조각 바삭하게 구워
딸기잼 반들반들 발라놓고
계란후라이 두 개 구워 주춤하는 사이
후르륵 삼켜버린 인정머리
아침결에 서운한 내색도 못하고
내내 씁쓸한 입맛만 다시며

계란후라이 접시 받쳐 든 손들이
불쑥 불쑥 지천에 뿌려놓은 눈웃음에
초록 짙은 방초 위에서 수수한
마음 한 자락 빼앗는다.

백양은 봄빛이다

봄빛이 물빛에 사뿐히 젖어
쌍계루 한 자락에 지문을 남긴다

소문난 백양사 우화루 고불매
벌 나비 떼가 인꽃도 불러낸다기에
그늘에 들어가 본다, 은은한 분 냄새
펄럭이는 온몸에 뿌려진 향수에
취한 인꽃도 꽃이다
모델의 우아한 자태를 담아내는
셔터소리가 정적을 깬다

늙어서도 저처럼 아름다울 수 있다면
어찌 늙음을 한탄하리
당당하고 도도한 미모는
오래 숙성된 늙은 몸에서 나온다는 진리가
백양을 떠날 때까지 따라 다닌다

독경소리에 잠깬 연못 속 갈겨니들은

난분분 매화 꽃잎 속에서 득도한 듯
마냥 한가롭게 대자유를 탐한다
속세에 시달린 인꽃을 향해 혀를 찬다

보리마당*

달콤 떨떠름한 포리똥
한 주먹씩 우겨 씹고 골목길 내달린다
낄낄 다다닥 머슴애들

골목 점방에 퍼질러 앉은 동네 아낙들
바다 나간 남정네들 돌아오는 날
양은냄비 반질반질 닦아놓고 밤엔
구공탄 찍어야 쓴께
새댁은 연탄이나 사러 오라던
하마터면 연탄집게 들고 찾아갈 뻔한
미로 같은 풍자와 외설이 튀어 나올 듯
정지된 화면 속으로 빨려 들어가는
구불구불 곱창 같은 그 골목길

한 나절 진한 탁배기 너머
붉게 물든 수평선이 노을과 교접한다
헤엄쳐 가는 똑딱선도 대낮부터 취해
넘실넘실 물결 춤을 추고 있다.

*목포시 서산동 언덕배기에 간판도 없이 막걸리를 파는 '보리마당 할매네집'이 있다. 위로 올려다보면 유달산 능선이 나지막이 이어지고, 발치에는 고하도와 목포진 옛터, 목포항이 한눈에 보인다.

비에 젖은 관절

창밖 거리엔 우산 셋이 걸어가고
모자를 눌러쓴 청년들이 잰걸음 하는
포도 위 자동차 바퀴살에
천방지축 물방울이 튕겨져 간다

무릎관절 사이 쉰 살 먹은 인대와
팔꿈치 엘보우가 진즉 예보를 했지만
여직도 성에 차지 않은 듯 빗줄기 퍼 내리고
병실 안을 휘젓는 신경질적인 오토바이 소리
마디마디 지친 관절을 잠시 화나게 한다
세상사 후련하지 않다
세찬 빗소리여
더욱 악착같이 날 후려쳐 다오

끊어질 듯 무거운 한숨 소리
바람이 볼려다니나 잠시 밈칫힌 시이
고요를 깨는 시계추는 똑각똑각
비에 젖은 관절에 맞춰져 있을 뿐
좀처럼 쉽게 멈추지 않는다

진주알 같은 그녀

검은 눈알이 진주 같다고나 할까
검은 머릿결은 빛이 났었지
그녀 발음은 또릿또릿 자기주장도 남달랐다

지상의 호화로움은 다 갖춰진 모습이랄까
궁중 대례복에 시녀들의 부축을 받은 그녀
화려한 의상과 장식으로 무희들이 춤을 추고
그녀의 행진을 위해서 도열하는 나비들처럼
잠시 수줍은 그녀의 미소가 아름다웠지

천상에서 재회한 선남과 선녀가 만나는 날
터질 것 같은 가슴을 부여잡고
그들의 만남이 이뤄졌다는 사실에
안도하며 멀리서나마 바라봤지

나비처럼 가벼워진 그 아이
이젠 외롭지 않겠다
진주알 같은 그녀와 알콩달콩

신접살림 일구느라 늦어지는구나

거품 같다, 찰나의 시간이 머문 자리엔
흠뻑 젖은 속옷과 현기증이
오로라처럼 퍼졌다 사라진다

빈산

진달래 꽃빛 따라 들어간 숲속에서
귀문을 열어 살아있는 산의 소리 듣는다

털갈이 끝낸 나무가 털어낸
낙엽 쿠션, 바스락대는 소리에 놀란
내 발밑의 산자고*
아릿아릿한 눈빛에
하얀 꽃잎 노루귀처럼 뾰쪽 세우고
천둥 같은 발소리에 바들바들 떠는
그 흰 뺨이 아기처럼 보드랍고
사랑스러워 도란도란 말을 건넸다

아무도 찾는 이 없는 호젓한 산길
빈산에 홀로 서 있어 멈칫했다
새움 자리에 부드러운 침 발라 놓고
실핏줄 터지도록 수액 빨아올리는
수목들 신음소리가 산모 진통처럼 가파르다
아랫배에 힘을 주고 이마엔 송골송골

진땀을 내며 산등성이로 올라섰다

날숨 몰아쉬며 올라간 정상에는
고요는 없고 저마다 꽃들만 넘실거려
빈 가슴에 넘쳐 난 향기만 그윽했다.

* 종 모양의 흰색 꽃. 영어이름으로 코리안 튜립이라고 함.

낮잠

꽃들이 졸고 있다

창가에 뿌려 놓은 햇빛 수면제
오물오물 눈꺼풀 꺾이다
화들짝 놀란 눈동자

가느다란 손가락도 떨구고
숨소리 잦아든 고요

고양이 발걸음으로 들어온
장난기 발동한 바람
콧속 간질인다, 키득키득

놀란 꽃들 들썩들썩
재채기한다
졸음 덜 걷힌 하품 소리
눈가엔 또르르 이슬 한 방울

속 터지겠다

꽃들의 바다에 빠진 벌들
뒷다리로 꽃밥을 후벼 파는
사타구니 뻐근한 홍도화 그늘 아래
늙은 여인이 먼 산만 바라보고 있다

동맥이 터질듯 답답해진 꽃멀미
배꽃이 파도를 타고 넘을 때
저 꽃 지고나면 웬병, 사다리 타는 일만 남았지
서류봉투 들고 나간 서방은 해거름에나 들어올 테고

미친 듯 빵빵 터지는 웃음소리
개나리 진달래 수선화까지 한술 더 뜬
과수원 꽃밭에 홀로 서서
뭔놈의 팔자가 속 터지게 발목 잡는 것인가

막걸리잔 속에 영산홍이 피고 지곤

여고시절 생일날 술이란 걸 먹어보기로 했다
위스키라는 어감이 부드러워 한 병 샀다
자취집에서 고만고만한 소녀들이 둘러앉아
한 잔씩 하고 고꾸라졌다
하늘이 노릿노릿 보리 꼬시락처럼 보일 때까지
토하고 또 토하고 똥물까지 뱉어낸 후론
술이 무서워 소녀들은 다시 입에 올리지 않았다

요즘 홀짝거리는 알싸한 막걸리에 길들여지나
차오르는 그리움에 목구멍까지 원을 그리며
거미줄 같은 답답함이 밀려올라 올 때면
꿀꺽꿀꺽 뜬물처럼 목줄을 타고 내려 간다
시간을 되돌리고 싶은 어느 지점까지
다시 가고 싶은 그런 실수는 없나
사무친 아이를 안고 한바탕
울고 나면 비가 내린다

비가 잦았던 늦봄
소락대기 치는 빗소리와 거부할 수 없는
검정 봉다리 속 저렴한 하얀 병속으로
지치도록 피어대는 영산홍처럼
내 온몸은 붉은 반점으로 피고지곤 했다

장마

긴장한 세포와 근육이
낮게 깔린 구름의 무게를 들어 올리고
팽팽하게 현을 만든 힘줄이 튕겨져 나간다
사방으로 검은 숲이 내려앉은 팽팽한 고요

참았던 속울음이 터진 걸까
내려놓은 울화통이 퍼붓는 거센 항의
멈출 것 같지 않고
후려치는 작살에 목마른 목숨들이
우왕좌왕 길을 찾지 못하는데
두들겨 맞은 아픈 부위를
봉합할 틈도 없이 다시 들쑤시는
저들은 누구인가

얼마쯤 지났을까
나뭇잎 뒤에 매달린 노랑나비 한 마리
실금처럼 들어온 햇살에
사알살 날개를 펴고 날아간다

순한 냉이

볕 밝아 이른 봄 만나러 간다
흙 뚫고 나온 서릿발이 응달에서
비틀비틀 목숨 지탱하는 우수

시퍼런 겨울 추위 어찌 견뎠을까
흙속에 한 뼘쯤 숨긴 몸통
독 오른 세월 지나기만을
눈 크게 뜨고 망을 본다

그새에 방울방울 흰 꽃망울
꽃대 밀어 올리느라
포복절도한 줄기 타고
터져버린 우윳빛 진액

보글보글 끓는 뚝배기 속 냉이
파르라니 데친 식욕이
은둔한 봄을 불러 온다

지나가버린 바람처럼

몰고 들어온 바람 한 줄이 자고 있다

설에 내려온 아들은 친구들과 어울려 날 새는 줄 모르고
침묵 같은 밤은 무심한 듯 돌아 누워버린다
이따금 문틀 흔들고 싸돌아다니는 바람소리만
초감각적인 세포들을 일으켜 세운다
피곤한 줄 몰랐던 청춘이 언제쯤이었을까
날을 샐 만큼 가치 있고 멋 있었던 그때를

조심조심 문을 따고 들어온 녀석
변기를 안고 웩웩거린다
껴입었던 새벽 찬바람도 걷어차 버리고
엎어진 채 단잠을 자고 있다
이젠 간섭할 꽁무니도 잘라버린
어느 날 꿈처럼 커버린 아들
내 앨범 속에는 아직도 어린아이만 같아

낯선 객지 바람에 지친 몸이 뒤척이고
압력밥솥 돌아가는 소리
고슬고슬 익어가는 밥 냄새
울컥울컥 쏟아지려는 마음이
풋식풋식 수증기로 올라온다

돌아오라 쏘렌토

안암골 호랑이 품속에서 공부하게 된 큰아이
안암동 언덕에서 내려다본 서울의 집들 속에
내 아이의 거처 하나 없다는 게 얼마나 서러운 것인지
가슴 덜컹대며 골목길을 수십 번 왕래했다
겨우 6평 원룸이 사천만 원이다
야박하게도 십여 개 조각방을 만들어 놓고
지방사람 등골을 빼 먹는구나 하는 마음도 들었다

서울 다니려면 기름값 싼 경유차를 타야 한다며
이천만 원 대출을 받아 쏘렌토를 끌고 들어온 남자가
기분 좋게 만취해서 "장모님, 우쉬미 지절로 나와 부러요"
"차문을 열어 놓고 실실 우쉬미 나와 분디"
"넘 들이 미친놈이라 헐까요" ㅎㅎㅎ~~
"고것이 자식 키운 보람이제, 암만 웃어야제"
서로 장단 맞추다 코를 골고 자는 면상을
쥐어뜯어 버리고픈 욕구를 누르고 방세 걱정에
날 밤을 보냈던 기억이 벌써 13년이나 흘렀다
뺀쵸를 울리며 달리자~~

멀게만 느껴졌던 서울이 점점 가깝게 느낄 정도로
아이 셋 올려 보내고 식구처럼 발이 됐다
참 많이도 사랑하고 부려 먹드만
세월에 장사 없다고 자꾸 병치레를 한다
심장 관절 부분부분 소소하게 돈이 들다 보니
녀석을 떠나보내야겠다 한다

2016년 봄날에 섹시하고 목련꽃잎 같은
스포티지를 데려다 놓고 뜯어보고 만져보고
궁둥짝이 뜨뜻하게 불도 넣어 보고 흐뭇한
남자는 연애 중이다 에고, 철없는 남자도 이제는
백발이 성글성글하다 목 떨어지게 안암골에
올라가 기다려 볼까나 나의 쏘렌토여~~~

하지정맥류

종아리에 똬리를 튼 푸른 용 한 마리
꾸물꾸물 부화하고
정맥의 계곡에서 빠져 나오지 못한
암울한 승천의 꿈이 발악하며
거칠게 용솟음치던 날

하반신 마비시킨 의사가 눌러 당겨 당겨!
멱살을 놓지 않는 손이 끌어내는 힘겨루기
나는 움직일 수 없었다 긴장한 힘줄
팽팽하게 당겨지고 가위, 잘라, 실
뭔 짓을 하는지 발가락은 얼음물에 담겨 있는 듯
공중에 매달린 종아리가 비웃는다
난 니 것이 아니야 위로하는 바비킴
코맹맹이 노래 소리 귓구멍으로 밀어 넣는다
이무기를 끌어낸 칼을 버린 의사는 떠나고
나무토막 같은 종아리를 쓱쓱 문지르는 남자들
옥도정기를 찐득하게 바른다네요
공처럼 굴려진 몸뚱어리

들것에 던져진 공포의 하반신
남자들이 810호 병실에 던져 놓고 간다
머리를 들 수 없는 긴 하루가
두통과 통증이 살아있음을 확인시킨다

꿈꾸던 용이 사라진 쪼그라진 웅덩이
정맥의 피가 내 다리를 적실 때마다
밤새 쏙쏙쏙 물길 뚫는 고통이 엄습해
쉬 잠들지 못한다

귀가 간지럽다

축구장에서 뒹굴다 온 청춘
비눗방울 사방팔방으로 날리며 샤워를 한다
풀풀 날리는 머릿결 뽀샤시한 민낯
스킨로션 정성 들여 바르며 하루를 다듬는다

몇 개월 만에 만난 어미의 마른 등을 주무르는 손
목 견갑골 어깨 등줄기 허리 다리 꼼꼼하게
안마하고 깨금깨끔 주무른다
꽤 듣든한 아직은 풋내기 청년
유학하고 미래 세계를 꿈꾸며 대학원에 진학했다
국제관계 경영학 공부를 재미있어 했지
"엄마 귓밥 좀 파주세요"
아기처럼 웅크리고 무릎으로 파고 든다
작고 예쁜 귀 만지작만지작 귓속에 쌓인
세상 것들 살살 펴 올려 화장솜으로 닦아주고
이마에 난 청춘의 꽃도 몇 개 터트려 주면
으 아 따가워하던 녀석은 아직도 애기인 채로
조각 같은 콧날이 삼삼해지는

엄마 귓밥 파주세요

날마다 중얼중얼 잔소리 같은 기도소리에
얼마나 귀가 가려울까
닿을 듯 경계를 긋고 있는 지척에서
자꾸 엄마 손을 찾고나 있지 않을까

제2부
달콤 쌉싸래한 표현 방식

게발 선인장

눈 내리던 날 바닷가 모래톱 나온
꽃게 무리들 등딱지 벗고
도기 화분에 스크럼을 짰다
육지에 올라온 기념으로 풀처럼 초록의 옷 한 벌 샀다
어색하지만 등을 버린 손발 마디에 초록을
입히니 그럴듯한 화초 행색이 난다
동면하는 꽃들 사이에서
손가락 발가락 끝에 빨간 메니큐어를 칠한 듯
손톱 세우고 겨울 햇살에 말리고 있다
꽃들이 잠든 시간 마녀의 손톱처럼 길게
자란 마법이 활짝 불을 밝힌다
더듬더듬 화등 밝히며 떠나온
고향을 향해 게발게발 새벽별은 총총한데
흰 길 위에 떠 오른 사선으로 찍힌 발자국
바다는 너무 멀리 있어 아침햇살 떠오를 때쯤
발톱에는 피멍이 들어 엄지발가락처럼
부풀어 오른 핏물 머금은 꽃숭어리

겨울 꽃

창을 열자 꽃 한 송이 쏘옥 들어온다

떨어지자마자 물방울
부시부시 날리던 꽃발들
회오리바람 일렁인 듯 사방으로 흩어져
고운 꽃들 외벽에 부딪힌다
이내 낙하한 가벼움이 쌓여서
뽀독뽀독해지더니 사이사이 빛을 받아
아이들 시린 손에 뽀드득 뭉친 꽃이 쥐여져
까르륵까르륵 웃음이 터져 나온다

따뜻하고 건조했던 겨울
잠시 이름값을 치른 대한大寒 절기 무렵
꽃송이 꺾으러 몸 감싸고 바람 끝 붙잡아
곱고 하얀 발자국 찍는다 꾹꾹 밟아준다
늙어버린 어린이가 한 움큼 뭉친 꽃잎들
동굴동굴 굴려서 세상 풍경도 둥글게
굴려서 돌아간다 한철 어느 때 호사를 누렸던가

기억이 없는데 자꾸 떨어지는 꽃들

대한 절기에 꽃구경 한번 이물 나게 한다

겨울을 먹다

빗방울 쏘옥 들어갔나
살살살 녹아드는데

튀김 솥에 지글지글 바삭 튀겨서
입천장이 벗겨지도록 먹어 버릴까
튀겨서 고소한 냄새 피어오르는
진앙을 찾아서, 풋것들
삐죽삐죽 올라오는데 향긋한
냄새는 벌써 혀끝을 자극한다

깊게 뿌리내린 냉이가
흙을 털고 올라오는 겨울은 봄이다
풋것의 허리를 꺾어서 잘근잘근 씹는다
냉이의 잔뿌리 튀겨 낸 거리
저 커다란 튀김 솥이
토독 토독 열을 올리고 있다

소화 덜된 겨울이 꽃샘을 할 즈음
봄을 맞으러 나가련다

골굴사*

수직의 도를 따라 걷는다
나뭇잎 하나 까딱하지 않는
뙤약볕이 수행 중이다
흥건하게 젖은 등줄기에서
근심 덩어리가 방울방울 맺혀
발아래 흙바닥에 떨어진다
어리석은 중생을 굳이
바위 절벽까지 끌고 온 이유가 궁금타
아스라이 가부좌를 한 부처
내리깐 눈빛이 편안하다

얼마나 많은 절벽을 기어올라 봐야
저처럼 아스라하게 편안해질까

*경주 동해, 수십 미터의 거대한 석회암에 12개의 석굴이 있다. 암벽 제일 높은 곳에 보물 581호인 마애여래좌상이 있다.

구름 속에 그려진 달

잠들지 못한다
쑥덕쑥덕 소문을 몰고 오는 귓바퀴에 걸린 달
60년 만의 강추위를 기록한 2012년 2월이다

불 깡통 돌리며 달님을 조롱했던 숯 검댕이들
짖어대던 동네 개들도 아스라이 잦아들고
눈썹에 하얀 김 서릴까 두려워
쓸어내리는 눈꺼풀 밀어 올리는
호롱불마저 깜박깜박 졸고
알싸한 생 무를 씹으며 밤새
무병장수를 기원하는 어머니
사분대는 어린 자식 숨소리에
솜이불 덮어주고

벌거숭이로 찾아오던 달콤한 휴식 같은
잠은 다 어디로 사라지고
지루한 어둠을 몰고 오는
숨어 버린 그림자 같은 달

매향

바르르 떠는 입술
입안에 머금은
향낭을 조심조심 열어 본다
마른 입술에 젖을 것 같은
촉촉한 듯 은은한 향을
따라 다니며 수채화 색채
뿌린 것처럼 바람은
대화를 멈추지 않는다

질투심 느껴지는 여인을
끌고 집으로 들어가고 싶다
햇빛에 더 빛나는 그녀의 몸빛
바람은 살랑대기 시작한다

배꽃 필 때

붓질하는 늙은 여자들
배나무 등걸처럼 구부정하다

건들건들 봄바람이 수작 거는데
벌 나비는 떠나고 나뭇가지 사이
늙은 손들이 부산하게 터치를 한다

순백의 처녀들
순결을 훔치는 민망한 일을
어쩌다 대신하게 되었을까

건달 같은 봄이 지나면
주렁주렁 열려 있는 것들
손톱 밑 까뭇해지도록
허리 펼 날 없이 솎음질할 터인데

구부러지고 비틀어진 그녀의
신방에도 어기적어기적

문살 엿보는 눈길이 있었음을
늙은 얼굴이 얄궂게 웃는다

봄비 1

말아 올린 삭신
욱신거려
질러버린 소리
너무 커

민달팽이들
피난을 간다
빗길에 끈적끈적
침 발라 가며
용케도 빗속을 뚫고

뒤채며 신음하다가
퍼붓는 통증
자락자락
쏟아내고 있다

봄비 2

비 오는 숲속
비상하지 못한 날개
젖은 채 발자국 찍어 나가는
나뭇가지 사이로

가시광선 같은 뾰족한 촉들
좁혀오는 긴장감
모세혈관 터질 듯 술렁이던
팽창한 숲길 어디쯤

길을 잃고 헤매는 한 마리 새
그녀는 슬픈 종자인가 보다

뼈

숲속 나무들의 직립
똑 똑 고요를 파먹는 발자욱 소리
사선으로 들어온 빛의 굴절
하얀 뼈가 우뚝 서 있다
섬뜩하다 살 발라진 골격의 직립

융통성 없는 삶이 얼마나 피곤했을까
머리와 어깨 다 내려놓고도
눕지 못하는 팽팽한 자존심
촛농 녹아내리듯
서서히 무너지는 의식 앞에
노란 산국이 향을 피워 올린다

쓱싹

밀당질하는 사랑 싸움일까
나른하게 햇살 드는가 싶다가도
찬바람 쌩쌩 부는 심술보
푸르뎅뎅 메스를 댄다
퉁퉁 부은 살점을 도려내는 아찔함
그들과 나의 칩거가 끝나는가
맘길 몸길 맞추며 밀당을 멈추라
모래알 반짝이는 언덕 아래로
어슬렁대는 불량배들아
간들어진 웃음 흘리며 뱅뱅 돌아가는
바람의 목젖을 잡아라
쓱싹쓱싹 소름 돋는
저, 꽃뱀처럼

연꽃

피뢰침에 낙뢰가 내리꽂힌 듯
오글오글 오그라진 등짝에
굵은 빗방울이 낙하한다
콕콕 꽂히는 빗방울 피해
종종종 지스락 밑으로 피신하는 병아리들 마냥
펼쳐든 우산들이 우쭐우쭐 걸어간다
꼭지점에서 점프한 물방울들 차르륵
구멍으로 쓸려 들어가는 유월 끝점

방죽에 푸른푸른 연잎들
긴 막대 끝에 올려놓은 후라이팬을 출렁이며
불을 지핀다 피식피식 예열을 한다
부서진 빗방울이 좁쌀처럼 퍼지며 아삭하게
오그라든 방울들 까치발로 뛰어다니다가
퐁당퐁당 다이빙해 사라진 물속에
부끄럽게 다문 잇새로 딱분가루 새 나오는
목이 긴 가시내가 위태롭게 어지럽다

외딴집

나지막이 주저앉은 초막에
뭉글뭉글 짚불연기 피어오르듯 아지랑이
인기척 뜸한 산속에 허기진 벌 나비들
꽃향기에 취해 어미 젖가슴 헤집듯
꽃밥에 뒹굴다 나와 잉잉 집주변을 선회한다

비탈진 앞마당을 억세게 붙잡고 있는
잔디의 힘줄이 세월의 깊이를 말해주고
텃밭에 씨 뿌려 놓은 듯 푸른 머리 치켜드는
취나물 우산나물 쇼핑봉지에 채워 넣고

새곰새곰 청미래 떡잎 같은 산길을 내려오는
잔잔한 햇살이 입꼬리 올린다
후덕한 주인의 미소처럼 화사하게 빛나는
들쥐 다람쥐 파고 들어가 놀다갔을 법한
주인장 구멍난 옆구리를 꾹꾹 눌러준다

쥐똥나무

홀로 푸르른 쥐똥나무 서 있는 산길
빼곡하게 써 내린 문장을 떨어뜨리고 있다
가로줄 쓰기 한 까만 활자들 또박또박
밤새 내린 A4용지에 인쇄를 한다

살아낸다는 것이 살얼음인 것을
싸라기 같은 흰꽃을 푸른 핏대 뒤에
숨겨놓고 티끌만한 온기라도 불어넣어
쥐똥 같은 새끼들 부화한 역사를
뽀드득 뽀득 찍어내는 소리

고단한 새 한 마리 포르릉 날아오르고
파랗게 질린 외로운 체증이
어깃장 놓은 바람의 회초리를 온몸으로 받아낸다
쥐가 나도록 삐거덕거리는 관절을 쓸어 만진다

등줄기에 열선이 지난 듯
화끈거리는 감전

느슨한 게으름을 자책하며
구불구불 페이지를 되짚어 내려온다

처서 무렵

밤이 서늘하다
머리맡에서 가슴 뛰는 별 구르는 소리

불볕에 다글다글 달궈진
낱알들이 별이 되었나
엷은 구름 사이로
또글또글 박혀 있는
씨눈이 깜박이는 소리
가라앉은 고요가 무너진다

서늘한 문틈으로 들어온
여치와 귀뚜라미는
어느 별이 농익어 내는 소리일까

밭은기침하며 타들어 가는
엔진처럼 삐꺼덕하던 관절에
여름, 뜨거운 전율이 지난 후
딩동딩동 피아노 건반 두드리는
귓등에 또글또글 서늘한 풀벌레 소리

하늘 도시

희미한 가시광선 같은 줄들이 빛의 주변에
여러 가닥의 전선을 연결해 주고 있다

휘익~쌕~ 자동차들이 날아다닌다
미니밴과 택시 이층버스 하늘도시를 오가는
신비로운 기운이 머리 위를 떠간다

날아오르기를 갈망했던 아이가
씽씽 달려 나간다 머리가 흩날린다
가장 낮은 곳에서 아이의 빠른 속력을
따라 잡으려다 넘어져 등짝이 축축하다

태양을 마주한 별자리를 찾아 달리는
속도감에 빠져서 돌아오는 길을 잃어버린 아이
그 밤에도 그날의 낮에도 도통 소식이 없다

하늘은 꿈을 펼칠 최적의 장소
자유로운 아이들의 속살과 눈빛이
빛나는 그곳은 너무 특별해서
때론 짙은 구름이 가리어지기도 한다

그는 그늘이다

가슴으로 품어서 오랫동안 온기를 남기고
서서히 멀어져가네 귓속을 간질이는
소곤대는 은어를 따라 낯선 기억으로
뒤를 따라 가네 큰 거북등을 타고 위태롭게
난간 절벽을 기어 올라간 그가 있는 곳

언덕 저 만큼에서 멈춰선 그는
사람과 사람, 한 시대의 슬픔을 품어주었네
힘들었던 과거의 사람들이 모여서
세월을 이기고 있네, 역사를 이루고 있네
사람들 뒤에서 머뭇머뭇 머물다 돌아서서
발치 너머로 그의 뜻을 모아서 바라보네

세상 끝에서 내려 보는 더 깊은 세계는
이전처럼 존재해 왔고 흐르고 있다는 것을
그는 팔을 들어 전하고 있네
한 치의 떨림도 더듬거림도 없이
그는 단호하게 큰 사람이 되었네

자꾸 멀어진 그와의 작별을 고하네

편안하고 아늑한 그늘이 된 그에게
품었던 가슴을 여네, 심장은 편안해진 걸까
더 뜨거워지는 가슴의 불덩이가 그와의
특별했던 시간을 볼에 연지 찍듯 터치를 하던
그는 요즘 너무 바빠서 멀어져 가네

첼리스트

그녀는 울림통을 다리 사이에 고정하고
중저음으로 시작한다

C(도) G(솔) D(레) A(라) 헝가리안 랩소디
4옥타브를 넘나드는 울림이 희미한
어둠을 밝히고 미친 듯 줄을 탄다

핑거~핑거~ 손가락 끝에서 튕겨 나오는
귀뚜라미 여치가 피옹피옹 또릉 또르릉
현의 마디를 핑핑 뛰어 다닌다

활의 쓸림으로 그녀의 손가락은
작은 흔들림도 허용하지 않는다

가을밤 갈잎 소스락 대는 소리와
풀벌레들의 합창소리를 믹스한
뚜렷한 저음에서 점점 더 고음으로 치닫다가

마침내 그녀의 심장이 열려 조명을 박차고 나와
목덜미가 춤을 추고 머리카락이 출렁인다
숨죽인 청중이 핑거 핑거 들썩거린다

달콤 쌉싸래한 표현 방식

좀체 쓰실 줄 모르는 휴대전화로
느닷없이 어머니께서 한마디
"약 다려놨다 가져 가그라"

빈혈 약 달고 사는 핏기 없는
병치레 약골 딸을 위해
가시울친 삶의 세월에 녹아난
빠진 치아처럼 듬성해진 가시
어머니 합죽해진 잇속 같은 골단초를
움 트기 전에 아버지 삽질하셨다

용암 같은 장작불에 뭉그러져
골수 다 토해 낸 쓰디쓴 진액
입에 붙지 않을까 염려 되어
엿기름물과 잘 섞어 어우러진
엿물 같은 진득진득한
달콤 쌉싸름한 골수

울컥, 목젖타고 내려간다
정맥 타고 돌아다니는
쌉쌀한 어머니가 뜨거운 피 만든다

제3부
아찔한 길

까끌한 입맛

한입 가득 쓰디쓴 봄나물을 씹는다
깨지고 엎어진 고비 때마다 쓴물
목젖까지 틀어 올린 울음을 삼켜 버리던
지독한 외로움을 질겅질겅 씹어 삼킨다

황량한 들판에 씨앗 한 톨 떨어져
두려움으로 들어 올린 침잠된 쓴맛은
씹을수록 혀끝에 당기는 달콤한 공갈

혀끝 감각을 허물어 버린 알력과
나잇값이 타협한 까끌까끌한 입맛 사이
느끼하고 달콤한 유혹이 진화한 엉뚱한 쓴맛

꽃무릇

세상천지가 불구덩이다

지각을 뚫고 나온
용암이 흘러내린 계곡으로
사람들이 떠밀려 다닌다

누구도 눈치 채지 못했을 작은 흔들림이
큰 파장으로 밀려오는 불덩이 축제

불쑥불쑥 튀어나오는 열꽃을 어찌하랴
주체할 수 없는 사랑이 저리 붉을까

가시광선처럼 펼친 꽃잎을 떠받들고
꽃대는 연한 사랑이어서
툭 건드리면 부서지고 말아

꺾어진 잎들 사이에서
욕망과 좌절은 교차하는 법
꺾이고 바스러질지언정
방관자가 되어 저 속에 빠져 들고 싶다

평화광장, 비둘기

사뿐사뿐 햇살 밟고 있는 가는 발목
잃어버린 숲의 기억은 중요치 않아

길들여진 빌딩숲에 날개 버린 자존감
고고한 척 턱선 올려 주억거리지만
낯선 도회지에 뿌리내린 황망함은
수군대는 눈총만큼 뻔뻔해지는 거야

발꿈치 들고 가는 까칠한 뒤태
휘득휘득 핑크 보랏빛 깃털의 실루엣이
빌로드 천을 두른 듯 단단해 보이지만
바람 끝은 가시처럼 살갗으로 파고들 뿐

광장에는 바람 숲만 무성하여
총총종 내빼는 무수한 바람의 잎새들
길을 내가며 달아나는
아직 잔설 걷히지 않은 맵찬 초봄

까무룩하게 잊어버린 숲의 기억을 곱씹는다
평화광장 어디서나 평화는 없었다

가을 민들레가 웃는다

블록 틈에 노란 꽃이 웃는다
팔랑팔랑 나비가 날아와 입을 맞추고
꽃인지 나비인지 노랑으로 춤을 추고 있다

노란 가방들이 조잘조잘 줄을 서서
노란 차안으로 들어가고
꼬물꼬물 발가락에도 노란 꽃이 피어 있어

화사했던 봄날에 먼 여행을 다녀왔나
홀로 피어나기를 고집한 민들레 한 송이
계절도 엇나간 뜬금없는 노랑나비 한 마리가

노란 가방들 사이로 빙빙 돌며 날아다니고
햇빛 속에 도드라진 꽃으로 피어난 늦둥이
맑은 날 늦둥이들이 벌써 가을노래를 한다

담장

어머니 종아리에 담쟁이 넝쿨
옹이 박힌 손마디로 불룩불룩 핏줄을 감고
거친 벽을 타고 올라가고 있다

고단했던 한생을 올린 무게가
너무 무거워 금가고 깨진 골조 위를
파스 조각이 퍼즐 맞추듯 땜질하고 있다

담벼락을 친친 동여맨 넝쿨줄기에
넌출넌출 널뛰기하는 봄 햇살 아래
푸른 잎이 아기 손바닥처럼 돋아나고 있다

더부살이

저 너머에서 불어오는 매운바람
붉은 고추가 초록의 등을 업고 있다

지난 가을 다듬던 통고추 씨앗 한 톨
통통 튀어서 군자란 화분 한켠에
작은 숨을 내렸다
눈칫밥으로 구부정하게 올라와 허리 펴지 못하고
한 뼘씩 팔을 벌려 그늘 만들더니
쫑알대는 새끼들 주렁주렁 달고 눈칫밥도 이골 난 듯
밥티 같은 눈물꽃 하얗게 열어 보이며
뒷배경을 슬쩍 내비친다
시퍼런 눈을 좌우로 펼치는 군자란 잎자루 사이
붉은 립스틱처럼 달려있는 당찬 매운맛

불끈불끈 핏대 세우는 가을 너머
매운 바람이 부들부들 떨고 있다

배롱나무

목덜미에 닭살 돋듯 오싹한
찬바람 부딪치며 겨울 길을 걷는다

지정된 공간에서 무료한 시간을 보내고 있는 사람들
꼬인 창자처럼 얽혀있는 링거 줄에 몸을 맡기고
활보하던 거리의 기억이 멈춰선 듯
도둑고양처럼 찾아든 암세포들을 유기시킬
검은 봉지 뒤집어쓴
무거운 침묵이 똑, 똑 분침처럼 떨어진다

병실 나서는 돌탑 앞에 우뚝 선 배롱나무
거뭇거뭇한 허물을 벗은 채
매끈한 속살을 겨울 볕에 말리고 있다

수박

쐐한 찬바람 솜털 끝으로 파고드는 이른 봄
과일 좌판대 맨 윗줄에 눈 팔린 아들놈
"엄마 수박 사줘" 발음도 덜 떨어진 어린놈이
자꾸 손가락질하는 생떼 어거지에 한통 들고 왔던

작고 예쁜 양손으로 사각사각 빨간 하모니카를 불던
단물 줄줄 흐르는 입술 위로 촉촉한 미소

잡힐 듯 어제처럼 마트 진열대에
때 이른 수박이 제철 얼굴을 하고 있다
허리춤에서 어린 아들이 가리키는 시선 쪽으로
자꾸만 보채는 소리에 한 덩이 샀다

아직 덜 여물 것 같은 풋내기 아들을 안고 돌아와
빨간 속살을 우걱우걱 삼킨다 녀석이 흡족할 때까지

잘 익은 아들이 빨갛게 말한다
엄마, 시간이 말해 줄 거야
잘 익은 듯 비릿한 뒷맛
붙잡고 매달리지 못한 시간을 곱씹는다

빈집털이

벽에 호롱처럼 매달린 벌집
문지방 수만 번 오갔을 기름때도 퇴색한
적요의 시간 속으로 벌들이 앵앵 날아다닌다

콘크리트로 직조된 벌들의 방
아기들이 공중에 떠다니며 술래잡기 한다
숲속을 헤매던 일벌들이 쿵쾅대는 조바심으로
달음박질하는 아이 손을 잡고
버무린 시멘트 벽돌 사이로 들어간다

자식들 가림막 겨우 챙겨주고
임대아파트 들어앉았는데
세금고지서처럼 월세통지서가 불안하고
까다로운 비위 맞추기 힘들어

바람에 흔들리는 빈집 뜯어와
묵은 때 벗겨내고 쌓인 먼지 털어내
환하게 호롱불 밝힌다 와글와글 벌떼들

동피랑 마을

가난이 주저앉은 슬래트 지붕 위에
호박덩굴이 길게 뻗어 이파리 무성하다
굴곡진 삶의 언덕에 매듭을 묶어놓은 듯
얽혀 있는 덩굴 속 비밀이 궁금해 기웃거린다

지붕과 지붕이 어깨동무하듯 살아가는 사람들
좁은 골목과 맞붙은 부엌에서 한 끼 식사를 챙기는
노파의 조촐한 식탁이 나그네의 허기를 부르고
언덕 아래 시끄러움과 동떨어진
통영의 갯내가 시간을 뒷걸음질치게 한다

느린 보폭으로 쓸려온 바닷바람이
훌딱 건너뛴 기억 저편의 후유증을
쓰다듬고 다독여주는 할머니의 할머니 손이
한 줄로 쓴 그림엽서 같은 동피랑

섬

떨어질 듯 걸려 있는
해를 보며 막배를 탔다
길을 잃은 노루새끼 마냥
콩당거리는 가슴을 잡아주며
울렁울렁 물살을 가른다
마주치는 섬들은 사람의
몸짓으로 스치듯 지나친다

숲과 물의 만남은 연장통 딸각이며
신의 집을 짓는 사람들이며
뭍으로부터 멀어진 외로운 삶이 아니다
바위를 타고 떨어지는 음악은 인간의
품으로 녹아든 슬픈 노래가 된다

뜨거운 동맥 같은 동백과
이끼류가 이불처럼 덮고 있어
저 불덩이와 멀어지는 건
돌아올 것을 기약하며
떠 있는 하나의 심장이다

들깨 한 되

탈의실에서 머리를 터는데
쏟아지는 웃음소리

미친년 넙덕지만한 땅뙈기에
들깨를 흩뿌려 놨더니
여름 내내 식구들 입 호강을 시키드란다
그것도 모자라 가을 초입에 남은 잎들을
따다가 장아찌까지 담그고
남은 몽강댕이는 그냥 둬 버렸는데
자잘자잘 열매까지 맺혀 놨드라네
애라 그깟 것 얼마나 되겠어
초록이 갈색으로 변할 때까지 눈길도 안 줬는데
자상한 큰 사위가 보고 살살살 두드려
때때비 눈깔 같은 낱알들을 모아 왔는디
워메, 한 되나 되드랑께
원참 미친년 넙덕지는 옹골차기도 해라

정신 맹한 년이나 덥석덥석 내주지
벗은 몸들이 한 됫박
들깨죽 끓는 소리로 고소름해졌다

커피 끓이는 여자

허리가 꺾일 것같이 가느다란
그녀와 우연이 필연이 됐다
여러 사람 중에 눈에 띄는 여운이
우리의 우정을 맺었을까

깍쟁이처럼 느꼈는가 싶은데
속정 깊은 것이 한겨울 이겨내고
꼬물꼬물 피어나는 별꽃이랄까
현호색이랄까 손끝도 야물고
언어 표현도 또록또록해서
쉽게 다가설 것 같지 않은 그녀
세상 풍파를 작은 몸으로 다
받아내고 피어난 한 송이
해국이 더 잘 어울릴까 보다

아픔이 있어 더 아프게 느끼는
동질감이 우리는 곁에 없어도
공감각으로 느낄 수 있다
그녀는 오늘도 커피를 끓이고
지친 사람들의 의자가 되고자 한다

느물느물한 액체 2리터

위와 대장에 남아 있던
찌꺼기들 빠져 나가고
거품처럼 뽀글거리던 장내 부유물까지
모두 씻겨져 배가 고프다

배가 고파오자 이상하게 식욕이 사라지고
오랫동안 버리지 못한 생각들도 사라진다

배가 아파올 때마다
주식과 부동산을 매입했다
생각해보니 허기를 채우려 했던 것

어리석은 몸과 정신이여
그동안 마시기 꺼려했던 희멀건 액체 2리터 마시니
빈 소주병처럼 정신이 맑아졌으니

그러나 더 배고파져야 하리
바람에 청량한 소리내는 소주병처럼

속이 투명해져야 하리
배가 아플 때마다
독약 같은 액체 2리터 마시기를
주저하지 말아야 하리

아찔한 길

폭풍 맞은 길, 한적한 오솔길
아직 지뢰가 묻혀 있는 길들이
절벽 끝에 흘러들어 잠시 머뭇거리고 있었다

내려보면 바다가 악어처럼 이빨을 으르렁거리는
뒤틀린 생이 느닷없이 만날 수도 있는
아찔한 길,
누군가에게 잘못 밟힌 돌멩이가
수직 끝 시퍼런 아가리 속으로 사라졌다

어쩌다 절벽 위에 흘러들어온 길들처럼
절벽 끝에 매달려 버티고 있는 소나무처럼
제 살 깎여 바다 속에 빠지는 절벽처럼
위태위태한 길은 고장나고 마는 걸까
길 몇 척, 바다 위를 지난다
항구를 떠날 때는 잠잠했지만
길이 결코 얌전하지 않다는 걸 이제 다 안다

자동차를 몰고 생의 언덕 넘다 보면
이정표가 보이지 않기도 하는 길
한동안 시동을 끄고 바라보면
폭풍의 바다를 헤쳐 가는 길들도 조난을 당하기도 했겠지,
거친 안개 속에 희뿌옇게 길도 보이는 법
다시 절벽 끝에서 바다를 향해 시동을 건다.

여름밤

물수건 삶아 놓은 밤
발정난 고양이 신음소리
뒤척이게 하는 뜨거운 창문 너머

수줍은 불빛 속으로 나방은 쌕쌕
야들야들 낙지살 뒤집는 참기름 냄새 솔솔
뜨거운 밤을 호로록 삼키는 소리

불구덩이 속으로 들어간 밤
정액처럼 찐득하다

똥꼬가 아프다

두 돌 지난 희찬이는 기저귀를 떼고
응가 연습중이다
응가는 밴기에! 쉬이아는 밴기에!
입으로는 앵무새처럼 잘 나오는 말이
실전에서는 긴장한 힘의 조절이 어려워
얼굴만 빨개져 변기통에서 내려온다
변기에 쉬를 했을 때는 초콜렛 한 개
응가를 했을 때는 막대사탕이 한 개
달콤한 작전이 먹혀 쉬이~ 하는 것은
거뜬했지만 도대체 그 큰일이 문제다
거북한 아랫배 슬슬 압박해 오면
엉덩이 신호가 급하긴 한데 안절부절
똥꼬가 아프단다
살살 달래서 변기에 앉혀놓고
같이 쭈그려 앉아 고민을 푼다
길게 풀어놓은 근심 덩어리 쏴아
내려간 하얀 변기에 맑은 물 차오르고
발랑발랑 막대사탕 빨고 있는 달콤한 순수
까만 눈동자 속에 별빛 쏟아놓은 듯
막힌 속이 편안하다

영산포역, 영강동

망울망울 봉숭아 꽃물 든
대합실 벽에 기댄
취한 듯 달랑 보따리 하나 졸고

복작대던 사람들
영암 해남 강진 택시 호객꾼들
쟁쟁한 목소리 다 듣고 있던
잘려나간 수양버들 늙은 나이테가
허물어진 빈 역사 쪽으로
맴을 돌다 멈춰 버린

어느 해 추석이었을까
꽃물 떨어지는 줄도 모르고
쭈그려 앉아 있던 그 자리

꽃물 젖은 보따리는 기억 한 편
액자처럼 풍경으로만 남았어라

폭설

등산화가 길을 나선다
바슬바슬 골다공증에 걸린 허우대
숭숭 구멍난 뼛속으로 전기침을 놓은 듯
쏙쏙쏙 춥고 매운 세상에 버려진 절름발이

남자의 세간살이는 단촐하다
배낭에 거적 하나 척추 뼈에 붙어서
하얀 도화지 위에 밑그림을 그리며 간다

익숙한 걸음으로 까치집 머리칼이
눈발을 이고 뽀득뽀득 이가는 소리에
출렁출렁 파도를 타듯 멀미를 한다

목젖 타고 내려간 슬픔을 삼키며
한 움큼 머리카락처럼 빠져나간
얹힌 울화증 내려가듯 폭삭 꺼진
그 남자의 뒷덜미에 팡팡 팝콘이 터진다

암병동에서

무표정한 집도의가 녹색천에 둘둘 말아들고 나온
국밥집에서 보았던 순대 같은
두어 뼘 될 듯한 남자의 장기
핀셋이 가리키는 곳에 악세사리처럼 붙어 있는
검갈색 암이 기죽은 듯 다소곳하다.

구절양장 미로를 헤치며 살아온 남자
반듯하고 견고하게 앞만 보며 살아온 그 남자의
사리를 꿈꾸며 구부러진 생의 모서리에
붉은 신호등이 하나 켜져 있었던 것

몸에 섭취한 아름다운 생각과 빛나는 정신이
암癌이 될 수 있다는 것을 말해주듯
남자가 가는 생生의 길목에서 나타난 것일까
한 치 앞을 내다볼 수 없는 어둠속을 가다보면
구부러진 길, 새끼줄처럼 꼬인 길도 만나는 법
꺾어진 골목 돌부리에 넘어지기도 하는 법

내리막길에서 브레이크 파열로 깨지기도 하는 법
때로는 착하게 살아온 그 남자에게
정체불명 복면한 자객에게
옆구리를 찔리기도 하는 것이다

저 흐물흐물한 핏덩이 같은 검붉은 것은
암이 아니다, 사리이다
사리분별하도록 비춰주는 신호등이다
마취가 풀려 고통스러울 법도 한데
회복실에 누워있는 남자의 얼굴에 라이트 하나 켜져
그 남자의 생을 조심스럽게 비추고 있다.

참깨 방앗간

설 대목 재래시장 귀퉁이 방앗간에
참깨 두 되 내려놨다 꼼꼼하고 까탈스런
주인아저씨는 두 되만 짜기엔 전기료도 안 나온다고
입맛 다시는데 수더분한 아줌마는
"깨나 어서 씻어와부러요 우리 것 하면서 해드리면 쓰것구만"
졸았던 마음도 가라앉고 씻은 깨는
달궈진 솥에서 까맣게 볶아져 나온 뒤
풍로에 옮겨져 먼지를 날린다
오실오실한 알갱이를 기름틀에 올려 꽉 조이자
기름이 똑똑 떨어진다 공정을 마친 아저씨는
배달을 나가고 고소한 기름 냄새
온 시장에 퍼지는 늦은 오후

떨어지는 기름방울만큼 고소한 아줌마의 입담
외동딸이 꼬챙이 같은 녀석과 눈이 맞아
시집을 갔는데 사위가 영 눈에 차지 않는단다
매사가 까칠한 남편의 성깔이 불만이라고

몇 년 지기 이웃 대하듯 조곤조곤 이야기 메뉴를 썰다가
기름 붓으로 고랑에 떨어진 기름 훔치러 간다
똑똑 떨어지는 시차가 늘어질 즈음 무안했는지,
첨 본 사람한테 별말 다 해부렀소잉!
차지게 섞인 입담과 고소한 참기름이 두 홉 병으로 세 개
봉지에 따끈하게 담아오는 길
입안에 박하사탕 녹아내리듯 가슴 뻥 뚫린
석양 노을이 발갛게 달아오른다

편지

말귀도 알아듣지 못하는 아이를 업었다
비오는 소리와 질척이는 길 위에서 허우적거리며
막아선 시비의 거친 언덕을 올라간다

아이의 지린 똥을 치우고
젖지 않게 여민 옷을 꽁꽁 싼 무게를
지탱하며 먼 길을 간다
걸치적거리는 길을 건너면 산속이며 강물이다

나의 구원자여! 손을 들어 편지를 쓴다
좀 쉬운 길은 없겠습니까
축축하고 거친 냉지를 걸어야만 하나이까
멀어지는 뒷모습을 보며 따라 갑니다
편지의 꼬투리라도 참견해 달라 부탁합니다

당신의 답신을 기다립니다
먼훗날이라도 괜찮겠지요
비 그치고 찬란하게 뻥 뚫린
하늘빛을 기대한다면, 나쁠까요

제4부
우비 입은 쏘쌀리또

찰리우드

다람쥐 한 마리 발코니에 올라와
한참 동안 그림같이 앉아 있다
곡선으로 말아 올린 꼬리
긴장감은 없고 경계도 풀린 듯
미풍에 눈꺼풀 내리 깔고 있다
바라보는 심장 쿵쾅 내려앉는다
찰칵 한 컷, 바르릉 달아나버린다

결

강변을 걸으며 바람을 읽습니다
사람들은 유람선에서 흐르는 음악과
가이드의 마이크 소리에 무심합니다
때때로 지나는 지상철의 둔탁한 쇳소리가
도시의 무게를 짓누릅니다
아침 일찍 일터로 향하는
행렬이 좌우로 강물을 밀고 갑니다
강을 따라 밥벌이하는 사람들
시카고강은 사람들을 불러들입니다
강가를 걷다보면 레스토랑을 가로질러
가기도 하고 계단을 내려가 워터 택시를
타기도 합니다 강을 호위하는 빌딩과 사람들이
모여서 강물을 이룹니다 지쳐가는 낮 동안
사물들은 어둠의 강물 위에 잠기듯 말을 합니다
윌리스타빌딩 푸르덴셜빌딩 존한코크타워에서
강렬한 별빛을 쏘아댑니다
빛나기 위해서 높이 더 높이 우뚝 선 광선들
물결과 빛결이 환상을 이룹니다

빌딩 숲 사이로 내민 초승달이 배시시
웃고 있어 맘결이 뭉클합니다
시카고, 바람결 물결 사람결 빛결
도시는 온통 결의 무늬로 뭉쳤습니다

마이크와 린의 퍼즐게임

집안끼리 특별한 인연이 고리가 된 두 사람은
미네소타 커플이다 조용하고 지혜로운 그녀
이해심 많은 그의 퍼즐은 어긋남이 없다
미네소타의 겨울은 지독하다 온전히 백색의
잠 속으로 빠져 들게 하는 곰들도 깊은 잠이 든다
부부의 퍼즐게임은 시작됐다
강이 되고 바다가 되고 산이 되는 퍼즐 판에
레이첼이 들어와 마미~ 대디~ 사랑의 꼭지점이 된다
태평양을 사이에 두고 대륙과 대륙이 맺어준
인연으로 가족이 됐다 예쁜 하이디가
트랩을 내릴 때는 자매처럼 손을 꼬옥 잡고
대디 품속으로 들어온다 퍼즐은 반쯤 완성돼 가고
청일점 아담이 린의 품속으로 들어와 막내둥이 둥가둥가
까탈스런 아기는 린의 가슴에서 밤을 지새기도 한다
퍼즐은 삼남매와 부모의 연으로 꽉 붙여놓고
쭈니가 쏙 들어왔다 마이크는 쭈니~ 쭈니~ 참 예뻐한다
왕 할머니 쿠키 그랜맘은 소녀 같은 목소리로 가녀리게
손주들을 귀여워한다 마이크가 태평양에 배 한 척을

띄웠다 태어난 고향의 향수를 배편으로 전해주는
뱃머리는 항상 코리아를 향해 있다

아담과 쭈니의 작은 퍼즐이 만들어져
멜라카이 마이까 M&M 형제와
향기로운 메케일라가 알에서 깨어나듯
신비로운 게임은 시작된다 미국 가족의
퍼즐 속으로 들어 간 우리들은 한 가지 아쉬운
점 하나를 가슴에 묻은 마이크와
진珍의 빈자리가 허전하다
마이크는 더 좋은 세상을 만들어 놓고
진과 다정하게 바이크를 타고
무지개다리를 건너고 있을 터이고
마이크의 퍼즐게임은 진행형이며
속 깊은 린이 이끄는 퍼즐의 매력 속으로
우리들의 이야기는 계속된다

미미새

살랑대는 여인의 치마폭처럼
아침은 그렇게 바람결로 온다
Me^^ Me^^ 미미새가 잠을 깬다

갈참나무에서 작은 새 한 마리 지저귀면
집안에 또 다른 Me~~Me~~하는 녀석
메케일라 별희가 잠에서 깨어나는 시간

오빠들 꽁무니 따라다니는 작은 새
칼싸움 블록허물기 주방식기 끌어내기
발길 닿는 곳마다 흔적을 남기는

별희는 틈만 나면 꼬집기 선수다
Time out! 해도 당당하게 방에 들어가
침묵한 지 5분을 못 넘기고 자진 해제하는

귀요미 저요~저요~ me^^ me^^
밖에서 또 한 마리 미미새가 다녀간다

미미새는 별희를 닮았다 종일 me~~me~~

서늘한 바람의 날개를 달고 미미새가
청량한 음악소리로 남아서
지난 여름날, 그곳이 그립다

베르디와 벌디 사이

베토벤의 운명교향곡이 절정을 탄다

네 살 마이카 희재는 클래식에 빠져 있다
동요엔 반응하지 않는다
넥타이에 빵모자까지 쓰고 진지하게
나무스틱으로 지휘를 한다
본인의 감정에 충실한 꼬마신사
보는 사람까지 즐겁게 한다

장난감 자동차에 빠져 있다가
갑자기 CD를 틀라 한다
베토벤 차이콥스키 모차르트 베르디~~
no~no~ 뒤집고 뒹굴고 천장이
터져라 소리를 지른다 아무리 달래고
추천을 해도 no~ 소리만 더 커진다
아래층에 있던 에미가 올라와 로컬어로
씨부려 쌌더니 베르디 CD를 건다
황당하다 "할미가 베르디 했잖아~"

또, no~ 소락대기를 친다
에미가 그런다 베르디가 아니고 버~얼디라고
참, 나 기도 안 찬다, 우리는 베르디라고
이탈리아 음악가 춘희 리꼴레또 정도 아는데
버얼디는 뭐람~ 베르디 버~얼디

사이엔 마이까 희재의 하이 톤 옥타브 클래식이 있다

사람을 두려워하지 않는다

푸른푸른 저들의 놀이터에서 폴짝폴짝
숲속을 오가며 무슨 생각을 할까

한 녀석이 잔디에 구멍을 내고 뭔가 숨겨 놓은 듯
두리번두리번 살피는 순수 어린애처럼

멜라카이 희찬, 다람쥐가 영어로 뭐야
내 귀가 거짓말을 한다 쓰발노옴~~

oh~no 멜라카이 눈이 놀란 토끼 아니
숲을 오가는 다람쥐와 닮았다

다시 한번, 쯔발라~~ oh, no 또 동그랗다
할미야, 내 입을 봐봐

귀여운 녀석 혀가 입천장에 살짝 붙는 것 같다
으음 스쿼어럴squirrel 오~~케이~~

별 같은 녀석과 한참동안 다람쥐 다람쥐 하는데
진짜 다람쥐는 사람 따윈 안중에도 없다

파밍턴*에는 자연도 인간도
코발트빛 하늘에 떠있는 뭉게구름 같다

*미국 미네소타 주.

우비 입은 쏘쌀리또*

태평양에서 불어오는
바람이 키운 비구름 타고
금문교** 아슬함 넘을 때만 해도
잦아질 것 같은 가을비
그칠 줄 모르고
선착장에 요트마저 목줄 매게 한다

오렌지 알갱이처럼
톡톡, 터지는 딸들이
축축한 섬을 방방 뛰어 다닌다
물웅덩이 찰박이며
풍선껌처럼 부풀어 오른 웃음소리
깔깔대는 세 살 어린아이 같은
시간의 금 밖에서 아련히 젖는다

쏘쌀리또, 그윽하다
헤즐넛 향 뭉클 피어 있는 안개 언덕
비스듬히 누워 찻잔의 향기 즐기는

하얀 집들이 일어나 웃는다
이빨 사이로 무지개다리 떠 있다

* 샌프란시스코 인근에 있는 섬.
** 샌프란시스코와 쏘쌀리또 섬을 잇는 다리. 일명 골든 게이트 브리지라 함.

긴기아난

달콤한 눈깔사탕의 유혹이
방안에 빗살처럼 퍼지는 아침이다

구슬 같이 빛나는 알록달록한
사탕공장 주인이 꿈이었던
달고 맛있는 유년의 갈등이
읍내 불타버린 중국 상점에서
사탕 몇 알 보물찾기 하듯
찾아낸 뿌듯한 감동이 밀려와

토기화분 속 오종종하게 내미는 손
마른어깨 마디에 곡옥처럼
꽃망울 내어 달고 터질듯 뜨거운
사탕물 끓이는 냄새 달큰달큰
밤새 장작불 지펴 속살 하얀 사탕
오물조물 만들어 내느라 끈적한 꿀물이
마디마디 눈물방울처럼 맺혀서

유년의 달콤한 유혹을
봉실봉실 꽃 피어 놓고
문 밖까지 달콤한 연자줏빛 설레임

코튼 트리

6월의 미네소타는 참 맑다
너무 맑아서 티끌도 잘 보인다

숲과 주택 사이에 은사시처럼
죽죽 뻗은 나무에서 하얀 봉오리가
빵빵 터진다 마치 솜뭉치가
흩어지듯 바람을 타고 떠다닌다

허공을 향해 날아가는 씨방들을 따라
자동차가 바람을 헤집는다
날리는 솜들이 둥둥 떠올라
그림을 그리며 뱅뱅 맴을 돌다가

청빛 하늘에 이불 한 채 만들어 놓고
누워보라 한다 금방 잠이 들 것 같은
포근하고 뽀송한 감촉으로 속삭인다

솜들을 모아서 정성 한 올씩 뽑아

창포로 색을 낸 하늘빛 고운 마음
한 벌 입고 펑펑 터지고 싶다

타코 벨*

마법의 성에 들어온 것을 환영합니다

자동차 문 내려 벽에 대고
햄버거 2개 포테이토칩 1개 콜라 1병
방문자의 인사말이 끝나자
아무도 살 것 같지 않은 성에서
마법사의 따끈한 주문이 들어간 그것들
기름종이에 들어가 파르르 질식돼 있다

한밤중 떨어진 미니아 세인트폴리스**
마법의 성에서 가져온 선물 풀어
한 입 가득 낯섦의 경험을 씹는다
깊숙한 밤 허기 속에 채워 넣고
베일 벗지 않은 폴리스를 꿈꾸며

물 가까이 내려온 달이
호수의 유혹에 빠져
큰 아가리 속으로 빨려 들어간 뒤

과식한 호수가 토해내는 신트림 소리에
마법에 걸린 선잠을 털어낸다

* 자동차에서 내리지 않고 주문해서 가져가는 페스트 푸드점.
** 미국 미네소타 주 쌍둥이 폴리스.

파밍턴의 아침

세 살 박이 희찬이 덜 올라간 눈꺼풀 비비는
오징어 볼기살 같은 궁둥이 씰룩대며
꽉 찬 오줌보 비우는 시원한 아침

백인 노부부의 애완견이 낑낑대는 정원에
산책 나온 노루가 경계의 빛도 없이
겅중겅중 이슬방울 털어내고 있다

낮 동안 아이가 키 낮은 골프채로 고무공 통통
굴리며 놀다간 뒤 상수리 도토리나무 숲을 오가는
다람쥐의 일상과 노루처럼 정원뱀처럼 이따금 들르는
초록의 잔디 밑으로 쏙쏙 스며드는 farmington

ALOHA*

안녕^^ Turtle~~
Lagoon에 갇힌 우리 친구
유영하는 등딱지에 스친 발가락
찌릿한 전율이 온몸으로 꿈틀거렸어

태평양은 아주 큰 수족관이란 걸
넌 알지~~ 가족은 있니
잔잔한 파도를 즐기려 막아놓은 Lagoon
사람들과 친구 먹은 너는 집이 어디야
잊어버렸구나 가끔은 생각나겠지, 엄마^^

태양의 숨을 먹기 위해 내민
코와 입이 덩치보다 귀엽구나
길들여진 애완견처럼 거북~~
고마워Mahaloma!! 다음에 또, 안녕~~

*하와이 인사: 안녕.

SUNSET

태평양을 함몰 시킨 마우이 섬
반발하는 핏빛이 어둠을 삼켜 버리고
찰삭 촤악삭 물매 맞은 모래만 사각이는
밤바다에 나와 잃어버린 빛을 읽는다

구름 위 어디에도 없는 세상 밖에서 내려 보고 있을
순한 내 아기가 반딧불 깜박이를 흔든다
별빛을 따라 갔을 아이는 발목에 묶인
매듭을 풀어 버리고 사뿐,

별무리 어디쯤에서 청빛 눈동자를
달빛 속으로 숨겨 버리고
얇은 실들의 펄럭임 같은 풀린 매듭의 빛
그 빛들의 눈이 아프다

SWEET함은 달콤하다

초록이 펼쳐진 옥수수 농장과 bean 농장은
눈이 즐겁다 눈앞에 박하수를 뿌린 것처럼
화한 느낌으로 쭉쭉 펼쳐진 들판
서양 옥수수인 sweet corn의 노란 알갱이를
살짝 데쳐서 입안으로 톡톡 터지는
여름밤을 씹는다 평소에 맛보지 못한 부드러운
달콤함은 우리 땅에는 없는 색다른 맛이다

sweet해서 순수한 어린 날의
추억을 되뇌며 불을 다스려
꼬챙이에 끼운 대떡을 굽듯이
화로에 하얀 머시멜로 노릇하게 구워야
적당히 단맛을 즐길 수 있어 쿠키에
조심스럽게 올려먹는 문화적 이질
sweet한 맛이 더욱 달달하다
나눔이 즐거운 이국땅에서의 가족 모임이
별똥별 쏟아질 듯 웃음꽃 박힌
하늘도 sweet해서 달콤하다

■ 해설

순환론적 시간관과 내적 성찰의 시간들

조용숙
(시인)

1. 정영숙 시에 나타나는 사계절의 변화

정영숙 시인의 시에 두드러지게 나타나는 현상은 사계절의 변화이다. 큰 맥락 안에서 이러한 변화의 시간은 생·노·병·사와 같이 삶과 죽음이라는 전제가 깔려 있는 시간이다. 그래서 시를 읽기 전에 시간에 대한 일반적인 표상에 대해 짚어보려고 한다.

시간을 정의하는 기준에는 일반적으로 순환론적 시간관과 직선론적 시간관으로 분류된다. 순환론적 시간관은 주로 농경사회의 자연관에 기초한 그리스적, 동양적 표상이고, 직선론적 시간관은 이스라엘 민족의 역사적 삶에서 근

원한 시간관이다.

우리는 이 두 시간 표상을 동시에 다 가지고 생활한다. 세월은 해마다 되풀이해서 돌아오고, 인생은 태어나 살다가 마침내 죽는다. 전자는 순환론적 시간 표상이고 후자는 직선적 시간 표상이다. 따라서 우리네 각자의 인생도 작은 고리를 이루는 순환 속에서 세속적 삶과 정화된 삶을 반복적으로 되풀이하며 진행되는 것을 알 수 있다.

필자는 개인적으로 정영숙 시인에 대해 아는 바가 전혀 없다. 말 그대로 사전 지식이 전혀 없는 상태에서 시집 원고 파일을 받아 몇 번이고 숙독했다. 시집 원고를 읽으면서 느낀 점은 시詩 쓰기에 바쳤을 시간과 노력들이 시적 형상화의 성공으로 나타나 있었다.

시는 전체적으로 안정감을 획득하고 있었으며 시인의 소녀감성이 오롯이 담겨있는 서정적인 작품들이 많은 부분을 차지하고 있었다.

2. '봄' 에 대한 동경과 순환론적 시간관

정영숙 시인의 시에는 몇 가지의 흐름이 발견된다. 그중에 첫째를 꼽으라고 한다면 유난히 '봄' 을 연상시키는 이미지가 많이 등장한다. 직접적으로 봄을 이야기하는 시가 여러 편 있는가 하면 봄을 상징하는 꽃의 이미지들이 다수 등장한다. 봄이나 꽃이 때로는 봄비, 냉이, 노랑나비, 청춘,

향기 등으로 변주되어 나타나기도 한다. 시 속에 드러난 봄의 이미지들은 시적 화자 자신이 놓치고 온 봄인 동시에 또 다시 돌아가고 싶은 봄으로 형상화되어 있다.

> 화려한 봄꽃들 한바탕
> 소나기 퍼붓듯 지나가고
> 논두렁 밭두렁 틈과 틈 사이에
> 비집고 들어선 달걀꽃 무더기 속에
> 소박한 밥상 차려져 있다.
>
> 옹색한 어린 자취생에게
> 새하얀 접시에 그림 같은 계란 후라이
> 금귤 한 알 떠올리듯 샛노란 노른자
> 머뭇머뭇 젓가락에 침 발라
> 동생과 눈치 살피던 눈물꽃
> 깔깔한 입맛 지나치기 서운해
> 빵조각 바삭하게 구워
> 딸기잼 반들반들 발라놓고
> 계란후라이 두 개 구워 주춤하는 사이
> 후르륵 삼켜버린 인정머리
> 아침결에 서운한 내색도 못하고
> 내내 씁쓸한 입맛만 다시며

계란후라이 접시 받쳐 든 손들이
불쑥 불쑥 지천에 뿌려놓은 눈웃음에
초록 짙은 방초 위에서 수수한
마음 한 자락 빼앗는다.

—「개망초」 전문

시적화자는 개망초 꽃무더기 속에서 어린 시절의 추억이 담긴 밥상을 연상한다. 그 밥상에는 새하얀 접시 위에 담겨 있던 노란 계란프라이가 놓여 있다. 그 계란프라이는 어린 시절 시적화자가 동생에게 빼앗겨서 먹지 못한 아쉬움의 대상이다. 그런데 "계란후라이 접시 받쳐 든 손들이 / 불쑥 불쑥 지천에 뿌려놓은 눈웃음에" 마음 한 자락을 빼앗긴다.

이 시 속에 드러난 봄은 돌아가고 싶은 봄이면서 추억이 담겨있는 봄이고 생의 가장 아름다운 시절을 상징하는 순간들이다. 봄을 그리워한다는 것은 시적화자가 이미 봄에서 멀어져 있다는 말로 환원될 수 있다. 그렇다면 시적화자는 이미 봄을 지나서 여름을 지나서 가을의 한복판을 건너고 있다는 것을 추측해볼 수 있다.

소문난 백양사 우화루 고불매
벌 나비 떼가 인꽃도 불러낸다기에

그늘에 들어가 본다, 은은한 분 냄새
펄럭이는 온몸에 뿌려진 향수에
취한 인꽃도 꽃이다
모델의 우아한 자태를 담아내는
셔터소리가 정적을 깬다

늙어서도 저처럼 아름다울 수 있다면
어찌 늙음을 한탄하리

—「백양은 봄빛이다」 부분

이 시에서는 시적화자의 늙음에 대한 두려움이 드러난다. 늙는다는 것은 젊음을 상실하는 것이고 더불어 아름다움에서 멀어지는 시간이다. 이런 시간들에 대한 두려움이 "늙어서도 저처럼 아름다울 수 있다면 / 어찌 늙음을 한탄하리"와 같은 대목에서 엿볼 수 있다.

누구도 눈치 채지 못했을 작은 흔들림이
큰 파장으로 밀려오는 불덩이 축제

불쑥불쑥 튀어나오는 열꽃을 어찌하랴
주체할 수 없는 사랑이 저리 붉을까

가시광선처럼 펼친 꽃잎을 떠받들고
꽂대는 연한 사랑이어서
툭 건드리면 부서지고 말아

꺾어진 잎들 사이에서
욕망과 좌절은 교차하는 법
꺾이고 바스러질지언정
방관자가 되어 저 속에 빠져 들고 싶다

—「꽃무릇」 부분

'꽃무릇'의 다른 말은 상사화이다. "누구도 눈치 채지 못했을 작은 흔들림"은 사랑이다. 사랑 앞에서는 이성으로 제어할 수 없는 화끈거림이 수시로 찾아오는 법이다. 그런데 이 사랑은 "가시광선처럼 펼친 꽃잎을 떠받들고 / 꽃대는 연한 사랑이어서 / 툭 건드리면 부서지고 말아" 너무 연약한 사랑이라 툭 건드리면 부서져 내릴지도 모를 그런 애잔한 사랑이다. 그래서 시적 화자는 금방이라도 바스라질지 모를 사랑일지라도 "방관자가 되어 저 속에 빠져 들고 싶다"고 고백한다. 왜 안 그럴 것인가. 스스로 늙음을 생각했을 때 가장 두려울 것이 사랑의 감정이 메말라 간다는 현실이다. 이 시 속에 드러난 시적화자의 마음은 사랑이 찾아온다면 어떻게라도 그 사랑의 마음을 붙잡고 싶다는 속내가 녹아 있다.

봄에 대한 동경은 마음으로만 나타나는 것이 아니라 몸으로도 찾아온다. 그것은 바로 아무리 거부하고 싶어도 거부할 수 없는 시간의 흐름 즉, 몸 여기저기에 찾아드는 병이다.

삼복의 햇살이 왼쪽 어깨에 내려와
코옥콕 힘줄에 침을 놓는다
오그라진 현에서 나는 비명소리
톡톡, 톡, 톡 ,톡 눈알 찌를 듯이
햇살 밭으로 흩어진다

달궈진 인두가 찌르듯
섬짓하게 스치는 통증,
오십년 무급 노동에 시달려 온
항의 농성자들 윽박지르고 얼려서
겨우 숨 죽여 가며
펜촉으로 쭈욱쭉 긁어 놓은
살갗에 할켜 놓은 지문 위에
긴장한 세포들이 곤두선다

빗살무늬 붉게 번진 피멍자리에

갓 태어난 아기 엉덩이처럼
푸른 몽고반점 그려 놓고
새롭게 태어나라 한다
어깨에 짊어져온 집 한 채 내려놓고
이제 마음의 솥에 흘린 밥물 그만 닦으라 한다
팔에 힘을 조절해 가며
조심조심 행주를 비틀어짠다.

—「오십견」 전문

시적화자에게 1연에서는 '오십견' 이라는 질병이 찾아왔고 2연에서는 오십견이 주는 통증이 주는 긴장감이 묘사되어 있다. 3연에서는 "빗살무늬 붉게 번진 피멍자리에/갓 태어난 아기 엉덩이처럼/푸른 몽고반점 그려 놓고/새롭게 태어나라 한다"라고 하면서 그동안 오랫동안 써 먹었으니 피멍든 자리에 푸른 몽고반점을 그려놓고 다시 태어나라고 한다는 시적화자의 행동에서 고통을 순수함으로 승화시키는 긍정의 힘이 느껴진다.

무릎관절 사이 쉰 살 먹은 인대와
팔꿈치 엘보우가 진즉 예보를 했지만
여직도 성에 차지 않은 듯 빗줄기 퍼 내리고

—「비에 젖은 관절」 부분

옛 어르신들 말씀에 몸이 일기예보를 한다는 말이 있다. 이 시에 등장하는 시적화자도 "무릎관절 사이 쉰 살 먹은 인대와 / 팔꿈치 엘보우가" 진즉에 비가 올 것을 예보했다는 것이다. 쉰 살이나 먹은 몸은 비 예보로 끝나는 것이 아니라 "여직도 성에 차지 않은 듯 빗줄기 펴 내리고" 통증이라는 빗줄기까지 동반하고 온몸을 휘젓고 다닌다. 몸이 하는 일기예보의 이미지는 다른 시편들 속에서 종종 발견된다.

말아 올린 삭신
욱신거려
질러버린 소리
너무 커

—「봄비 1」 부분

참았던 속울음이 터진 걸까
내려놓은 울화통이 퍼붓는 거센 항의
멈출 것 같지 않고
후려치는 작살에 목마른 목숨들이
우왕좌왕 길을 찾지 못하는데
두들겨 맞은 아픈 부위를

봉합할 틈도 없이 다시 들쑤시는
저들은 누구인가

—「장마」 부분

「비에 젖은 관절」이나 「봄비1」, 「장마」 등에서 드러나는 이미지는 나이가 들어 비가 올 것을 몸이 먼저 알아챈다는 것이고, 그 비는 온몸에 찾아오는 통증이자 삶의 통증으로 변주된다. 거부할 수 없는 봄이 멀어져가는 것도 아쉬운데 시적 화자는 어느덧 가을의 한복판을 향해 가고 있음을 다른 시편들 속에서도 보여준다.

"밭은기침하며 타들어 가는 / 엔진처럼 삐꺼덕하던 관절에 / 여름, 뜨거운 전율이 지난 후 / 딩동딩동 피아노 건반 두드리는/귓등에 또글또글 서늘한 풀벌레 소리"(「처서 무렵」 부분).

피아노 건반 두드리는 음악소리가 통증의 깊이를 더해주면서 다시 가을 풀벌레 소리로 변주된다. 시적화자는 어느새 자신에게 찾아온 가을을 온몸으로 받아들이면서 발효의 시간으로 접어든다.

그녀는 울림통을 다리 사이에 고정하고
중저음으로 시작한다

C(도) G(솔) D(레) A(라) 헝가리안 랩소디
4옥타브를 넘나드는 울림이 희미한
어둠을 밝히고 미친 듯 줄을 탄다

핑거~핑거~ 손가락 끝에서 튕겨 나오는
귀뚜라미 여치가 피옹피옹 또릉 또르릉
현의 마디를 핑핑 뛰어 다닌다

활의 쓸림으로 그녀의 손가락은 작은 흔들림도 허용하지
않는다

가을밤 갈잎 소스락 대는 소리와
풀벌레들의 합창소리를 믹스한
뚜렷한 저음에서 점점 더 고음으로 치닫는

그녀의 심장이 열려서 조명을 박차고 나와
목덜미가 춤을 추고 머리카락이 출렁인다
숨죽인 청중이 핑거 핑거 들썩인다

—「첼리스트」 전문

첫행은 "그녀는 울림통을 다리 사이에 고정하고 / 중저음으로 시작한다" 첼로라는 특성상 울림통을 다리 사이에 고정하는 것은 당연한 묘사일 수 있겠으나 울림통이 다리 사이에서 시작된다는 말에서 본질적인 슬픔이 느껴지는 대목이다.

이러한 울림을 간직한 슬픔의 이미지는 "핑거~핑거~ 손가락 끝에서 튕겨 나오는 / 귀뚜라미 여치가 피옹피옹 또릉 또르릉/현의 마디를 핑핑 뛰어 다닌다"는 부분에 이르러서 핑거~핑거~라는 의성어를 끌어들이면서 귀뚜라미와 여치가 있는 가을밤으로 전환된다. 가을밤은 핑거~ 핑거~로 시작해서 피옹피옹 또릉 또르릉과 같은 의성어로 또다시 변주된다. 마지막 행에서는 "숨죽인 청중이 핑거 핑거 들썩인다"로 마무리되고 있다. 이 시는 첼로라는 악기의 특성을 의성어를 차용해 리듬감 있게 표현하면서 울림통이라는 슬픔의 이미지를 명랑한 이미지로 전복시킨다.

시간과 계절의 흐름에 순응하다가도 문득 문득 떠오르는 봄을 어찌하랴.

"화사했던 봄날에 먼 여행을 다녀왔나 / 홀로 피어나기를 고집한 민들레 한 송이/계절도 엇나간 뜬금없는 노랑나비 한 마리가 // 노란가방들 사이로 빙빙 돌며 날아다니고/햇빛 속에 도드라진 꽃으로 피어난 늦둥이/맑은 날 늦둥이들이 벌써 가을노래를 한다"(「가을 민들레가 웃는다」 부분).

때늦은 민들레 한 송이가 다 늦은 가을에 노랑 가방을

메고 유치원 버스에 오르는 아이들 틈에서 고개를 쑥 내밀고 있는 것이 아닌가. 시적화자는 뒤늦게 핀 민들레꽃을 보고 '늦둥이'의 가을노래라고 웃어넘긴다.

> 깊게 뿌리내린 냉이가
> 흙을 털고 올라오는 겨울은 봄이다
> 풋것의 허리를 꺾어서 잘근잘근 씹는다
> 냉이의 잔뿌리 튀겨 낸 거리
> 저~ 커다란 튀김 솥이
> 토독 토독 열을 올리고 있다
>
> 소화 덜된 겨울이 꽃샘을 할 즈음
> 봄을 맞으러 나가련다
>
> —「겨울을 먹다」 부분

가을은 겨울을 잉태하고 겨울은 봄을 잉태하는 법이다. 그래서 겨울의 한 복판을 지나온 겨울을 온몸으로 견딘 냉이를 캐서 "튀김 솥에 지글지글 바삭 튀겨서 / 입천장이 벗겨지도록 먹어 버릴까 / 튀겨서 고소한 냄새 피어오르는 / 진앙을 찾아서, 풋것들 / 삐죽삐죽 올라오는데 향긋한 / 냄새는 벌써 혀끝을 자극한다" 냉이 튀김을 해먹는 장면이 시 전반부의 묘사로 드러난다.

그런데 왜 하필 튀김이었을까? 펄펄 끓는 기름 솥에서 한 겨울을 바싹 튀겨서 먹어버리고 향긋한 봄 향기만 오랫동안 간직하고 싶었던 것은 아닐까.

"깊게 뿌리내린 냉이가 / 흙을 털고 올라오는 겨울은 봄이다 / 풋것의 허리를 꺾어서 잘근잘근 씹는다 / 냉이의 잔뿌리 튀겨 낸 거리 / 저~ 커다란 튀김 솥이 / 토독 토독 열을 올리고 있다 // 소화 덜된 겨울이 꽃샘을 할 즈음 / 봄을 맞으러 나가련다"

봄, 여름, 가을, 겨울 다시 봄으로 돌아오는 동양의 순환론적 시간이 시 전반을 이끌고 있다. 표면적으로는 시작과 끝을 향해 가는 서양의 직선론적인 시간관이 시 전체를 아우르고 있는 것처럼 보이지만 결론에 와서는 동양의 순환론적인 시간관으로 흡수되는 것을 확인할 수 있는 부분이다.

이러한 순환론적인 시간관을 내포한 겨울의 이미지는 시적화자의 지인에 대한 묘사를 통해서도 드러난다.

"까쟁이처럼 느꼈는가 싶은데 / 속정 깊은 것이 한겨울 이겨내고 / 꼬물꼬물 피어나는 별꽃이랄까 / 현호색이랄까 손끝도 야물고 / 언어 표현도 또록또록해서 / 쉽게 다가설 것 같지 않은 그녀 / 세상 풍파를 작은 몸으로 다 / 받아내고 피어난 한 송이 / 해국이 더 잘 어울릴까 보다"(「커피 끓이는 여자」 부분).

3. 성적 메타포를 통한 시간 이미지 추적

앞에서 살펴본 봄의 이미지와 흘러가는 시간에 대한 아쉬움은 다시 한 번 성적 메타포를 통해서 형상화된다.

골목 점방에 퍼질러 앉은 동네 아낙들
바다 나간 남정네들 돌아오는 날
양은냄비 반질반질 닦아놓고 밤엔
구공탄 찍어야 쓴께
새댁은 연탄이나 사러 오라던
하마터면 연탄집게 들고 찾아갈 뻔한
미로 같은 풍자와 외설이 튀어 나올 듯
정지된 화면 속으로 빨려 들어가는
구불구불 곱창 같은 그 골목길

한 나절 진한 탁배기 너머
붉게 물든 수평선이 노을과 교접한다
헤엄쳐 가는 똑딱선도 대낮부터 취해
넘실넘실 물결 춤을 추고 있다.

—「보리마당」 부분

남편들을 바다에 보낸 아낙네들은 바다일 마치고 돌아

오는 남편을 기다리며 골목 점방 평상에 앉아 질펀한 수다를 떨어댄다. 뒷물 할 양은냄비 반질반질 닦아놓고 밤에 남편이 돌아오면 구공탄을 찍는다는 이야기다. 그러니 갓 시집온 새댁은 연탄이나 사로 오라는 말에 정말로 연탄집게 들고 찾아갈 뻔했다는 풍자와 외설이 가득한 골목을 제시한다.

꽃들의 바다에 빠진 벌들
뒷다리로 꽃 밥을 후벼 파는
사타구니 뻐근한 홍도화 그늘 아래
늙은 여인이 먼 산만 바라보고 있다

—「속 터지겠다」 부분

벌들이 뒷다리로 꽃 속에 빠져서 꽃 밥 후벼 파느라 홍도화는 사타구니가 뻐근한데 그 장면을 지켜보던 늙은 여인은 뭔 사연이 있는지 먼 산만 바라본다. 사타구니 뻐근한 시간이 지난 뒤에 찾아오는 일몰처럼 늙은 여인은 저 너머 산마루에 지는 저녁노을을 바라보며 지난 시간들을 반추하고 있음을 짐작해 볼 수 있다.

붓질하는 늙은 여자들
배나무 등걸처럼 구부정하다

건들건들 봄바람이 수작 거는데
벌 나비는 떠나고 나뭇가지 사이
늙은 손들이 부산하게 터치를 한다

순백의 처녀들
순결을 훔치는 민망한 일을
어쩌다 대신하게 되었을까

건달 같은 봄이 지나면
주렁주렁 열려 있는 것들
손톱 밑 까뭇해지도록
허리 펼 날 없이 솎음질할 터인데

구부러지고 비틀어진 그녀의
신방에도 어기적어기적
문살 엿보는 눈길이 있었음을
늙은 얼굴이 얄궂게 웃는다

—「배꽃 필 때」 전문

배나무에 인공 수정하는 날이다. 벌이나 나비에 의한 자연 수정이 아닌 실한 열매를 얻기 위해서 사람이 인공적으로 해 주는 수정의 시간이다. 그런데 붓질하는 사람들은 허리가 구부정하게 굽은 늙은 여자들이다. 3연에 가서는 "순백의 처녀들 / 순결을 훔치는 민망한 일을 / 어쩌다 대신하게 되었을까 // 건달 같은 봄이 지나면 / 주렁주렁 열려 있는 것들 / 손톱 밑 까뭇해지도록 / 허리 펼 날 없이 솎음질할 터인데" 그냥 자연의 섭리에 맡겨두면 될 것을 어찌하여 인공수정을 하느냐는 것이다. 자연에 맡겨두면 자연이든 사람이든 제 짝을 찾아 사랑하고 또 그 열매를 맺을 것이란 시적화자의 안타까움이 느껴진다.

"구부러지고 비틀어진 그녀의 / 신방에도 어기적어기적 / 문살 엿보는 눈길이 있었음을 /늙은 얼굴이 얄궂게 웃는다"

마지막 연에서는 상황이 전환되면서 붓질하는 늙은 여자에게도 젊은 시절이 있음을 상기시킨다. 지금은 비록 늙어서 손가락까지 구부러졌지만 늙은 그녀에게도 첫날밤의 기억이 있고 또 그 첫날밤을 엿보던 눈길이 있었음을 기억해내면서 얄궂은 웃음을 흘린다. 이 늙은 여인의 웃음에는 배나무한테 미안한 마음과 신혼시절의 그리움이 묻어있음을 짐작해볼 수 있다.

탈의실에서 머리를 터는데
쏟아지는 웃음소리

미친년 넙덕지만한 땅뙈기에
들깨를 흩뿌려 놨더니
여름 내내 식구들 입 호강을 시키드란다
그것도 모자라 가을 초입에 남은 잎들을
따다가 장아찌까지 담그고
남은 몽강댕이는 그냥 둬 버렸는데
자잘자잘 열매까지 맺혀 놨드라네
애라 그깟 것 얼마나 되겠어
초록이 갈색으로 변할 때까지 눈길도 안 줬는데
자상한 큰 사위가 보고 살살살 두드려
때때비 눈깔 같은 낱알들을 모아 왔는디
워메, 한 되나 되드랑께
원참 미친년 넙덕지는 옹골차기도 해라

정신 맹한 년이나 덥석덥석 내주지
벗은 몸들이 한 됫박
들깨죽 끓는 소리로 고소름해졌다

—「들깨 한 되」 전문

여자 목욕탕 탈의실에서 여자들의 수다가 한창이다. 좁은 땅에 들깨 씨를 뿌린 것을 "미친년 넙덕지만한 땅뙈기"

라고 표현한다. 그런데 그 좁은 땅에 뿌린 들깨가 옹골차게 작황을 이루어서 "여름 내내 식구들 입 호강을 시키"고도 남았다는 이야기를 성적 비유로써 설명하고 있는 것이다.

이 시의 하이라이트는 마지막연이다. "정신 맹한 년이나 덥석덥석 내주지"라는 말로 좁은 땅에서 작황이 많이 나온 것을 정조 없는 미친 여자에 빗대어 표현한다. 정상적인 현상을 미친년 넙덕지라고 표현하는 걸로 봐서는 어느새 생산성을 잃어버린 늙은 여자들의 젊음에 대한 그리움을 역설적으로 표현하고 있음을 짐작해 볼 수 있다.

물수건 삶아 놓은 밤
발정난 고양이 신음소리
뒤척이게 하는 뜨거운 창문 너머

수줍은 불빛 속으로 나방은 쌕쌕
야들야들 낙지살 뒤집는 참기름 냄새 솔솔
뜨거운 밤을 호로록 삼키는 소리

불구덩이 속으로 들이긴 밤
정액처럼 찐득하다

—「여름밤」 전문

물수건을 삶아놓고 보니 창문너머 어딘가에서 잠을 뒤척이게 하는 발정난 고양이 신음소리가 들려온다. 그 신음소리는 "야들야들 낙지살 뒤집는 참기름 냄새 솔솔 / 뜨거운 밤을 호로록 삼키는 소리" 야들야들 엎어졌다 뒤집어지는 낙지처럼 참기름 냄새 솔솔 풍겨가면서 낙지호롱처럼 여름밤을 호로록 삼켜버린다. 정사의 순간에 나는 신음소리만큼 사람의 말초신경을 자극하는 소리는 없을 것이다. 그렇기 때문에 시적화자는 그 신음소리를 여름밤을 호록 삼켜버리는 흡입력으로 표현해낸다.

이어지는 연에서는 이런 신음소리조차 먼 옛이야기가 되어버린 여름밤에 시적 화자는 "불구덩이 속으로 들어간 밤 / 정액처럼 찐득하다" 금방 사정을 마친 연인들의 밤처럼 찐득하다고 표현한다. 시 속에 등장하는 성적 메타포는 단순히 성에 대한 이야기가 아니고 어느덧 그런 행위들로부터 멀어져가는 시간이 투영되어 있음을 짐작해 볼 수 있다.

4. 타자를 향한 시선과 성찰의 시간

시간의 흐름과 늙어감에 대한 사유는 다시금 생의 깊이를 짚어보는 타자를 향한 시선과 성찰의 시간을 불러낸다.

수직의 도를 따라 걷는다

나뭇잎 하나 까딱하지 않는
뙤약볕이 수행 중이다
흥건하게 젖은 등줄기에서
근심 덩어리가 방울방울 맺혀
발아래 흙바닥에 떨어진다
어리석은 중생을 굳이
바위 절벽까지 끌고 온 이유가 궁금타
아스라이 가부좌를 한 부처
내리깐 눈빛이 편안하다

얼마나 많은 절벽을 기어올라 봐야
저처럼 아스라하게 편안해질까

—「골굴사」 전문

뙤약볕이 내려쬐는 날 시적화자는 가파른 절벽 끝에 있는 '골굴사'를 찾아간다. 그리고 그곳에 앉아있는 가부좌 튼 부처를 본다.

"어리석은 중생을 굳이 / 바위 절벽까지 끌고 온 이유가 궁금타 / 아스라이 가부좌를 한 부처 / 내리깐 눈빛이 편안하다"

그런데 그 부처의 눈빛은 편안하기까지 하다. 시적화자가 그 가파른 절벽에 있는 골굴사를 찾았을 때는 분명 가슴에 근심이 있어서 찾아갔을 법한테 부처의 편안한 눈빛은 시적화자에게 화두를 던져준다. “얼마나 많은 절벽을 기어올라 봐야 / 저처럼 아스라하게 편안해질까”

숲속 나무들의 직립
똑 똑 고요를 파먹는 발자욱 소리
사선으로 들어온 빛의 굴절
하얀 뼈가 우뚝 서 있다
섬뜩하다 살 발라진 골격의 직립

융통성 없는 삶이 얼마나 피곤했을까
머리와 어깨 다 내려놓고도
눕지 못하는 팽팽한 자존심
촛농 녹아내리듯
서서히 무너지는 의식 앞에
노란 산국이 향을 피워 올린다

—「뼈」 전문

숲속에 들어가 보니 나무들의 직립한 자세가 눈에 들어온다. 그리고 그 숲속을 향해 들어오는 빛마저 우뚝 선 수직이다. 그런데 그 빛의 직립이 섬뜩하기까지 하다. 그런데 2연에 가서는 “융통성 없는 삶이 얼마나 피곤했을까 / 머리와 어깨 다 내려놓고도 / 눕지 못하는 팽팽한 자존심" 이라고 말하고 있다. 이는 어쩜 시적 화자 자신의 모습이기도 하다. 그래서 더 안쓰럽고 안타까운 마음이 들었을지도 모른다.

사뿐사뿐 햇살 밟고 있는 가는 발목
잃어버린 숲의 기억은 중요치 않아

길들여진 빌딩숲에 날개 버린 자존감
고고한 척 턱선 올려 주억거리지만
낯선 도회지에 뿌리내린 황망함은
수군대는 눈총만큼 뻔뻔해지는 거야

발꿈치 들고 가는 까칠한 뒤태
휘득휘득 핑크 보랏빛 깃털의 실루엣이
빌로드 천을 두른 듯 단단해 보이지만
바람 끝은 가시처럼 살갗으로 파고들 뿐

광장에는 바람 숲만 무성하여
총총총 내빼는 무수한 바람의 잎새들
길을 내가며 달아나는
아직 잔설 걷히지 않은 맵찬 초봄

까무룩하게 잊어버린 숲의 기억을 곱씹는다
평화광장 어디서나 평화는 없었다

—「평화광장 비둘기」 전문

평화광장에 살고 있는 비둘기들은 숲의 기억 따윈 중요하지 않다고 말한다. 하지만 바로 2연에서는 빌딩숲에 길들여진 자존감 때문에 그래도 고고한 척하지만 실제는 그렇지 않다고 역설적 표현임을 강조한다. 그럴듯해 보이는 겉모습과 달리 속은 바람 끝의 가시처럼 살갗으로 파고드는 세상이다. 가끔씩 애써 잊으려했던 숲의 기억 즉 고향의 기억을 곱씹어보면 평화를 찾아온 평화광장 어디에도 평화는 없다. 현대인의 쓸쓸한 자화상으로 클로즈업 되는 장면이기도 하다.

생에 대한 성찰은 「아찔한 길」에서도 드러난다. "자동차를 몰고 생의 언덕 넘다 보면 / 이정표가 보이지 않기도 하는 길/한동안 시동을 끄고 바라보면 / 폭풍의 바다를 헤쳐가는 길들도 조난을 당하기도 했겠지, / 거친 안개 속에 희뿌옇게 길도 보이는 법 / 다시 절벽 끝에서 바다를 향해 시동을 건다"

이처럼 성찰 혹은 타자를 향한 시선은 다른 시들 속에서도 드러난다. 「동피랑 마을」은 비교적 담담한 묘사로 이루어진 시이다. 적당한 거리를 유지하면서 동피랑 마을에 사는 사람들의 생의 모습을 담백하게 담아내어 타자를 향한 시적 화자의 시선이 따뜻하게 그려진다.

> 지붕과 지붕이 어깨동무하듯 살아가는 사람들
> 좁은 골목과 맞붙은 부엌에서 한 끼 식사를 챙기는
> 노파의 조촐한 식탁이 나그네의 허기를 부르고
> 언덕 아래 시끄러움과 동떨어진
> 통영의 갯내가 시간을 뒷걸음질치게 한다
>
> 느린 보폭으로 쓸려온 바닷바람이
> 훌딱 건너뛴 기억 저편의 후유증을
> 쓰다듬고 다독여주는 할머니의 할머니 손이
> 한 줄로 쓴 그림엽서 같은 동피랑
>
> —「동피랑 마을」 부분

5. 의성어, 의태어의 반복적 사용과 '긍정의 시학'

정영숙 시인의 시에서 가장 두드러지게 나타나는 특징 중에 하나는 의성어와 의태어의 쓰임이다. 의성어와 의태어가 반복되는 형태로 시에서 리듬감을 부여해주면서 경쾌함을 유도해낸다. 이는 자칫 우울해질 수 있는 시간의 흐름을 툭툭 끊어주면서 잠깐이나마 잃어버린 봄을 되찾아주는 활력소로 작용한다.

그새에 방울방울 흰 꽃망울
꽃대 밀어 올리느라
포복절도한 줄기 타고
터져버린 우윳빛 진액

보글보글 끓는 뚝배기 속 냉이
파르라니 데친 식욕이
은둔한 봄을 불러 온다

—「순한 냉이」 부분

이 시에서는 냉이꽃을 형상화하는데 있어서 "그새에 방울방울 흰 꽃망울" 이라고 쓰면서 '방울방울' 이라는 의태어를 만들어낸다. 또 "보글보글 끓는 뚝배기 속 냉이"에서도 '보글보글' 이라는 의성어를 만들어 내면서 냉이찌개에 생동감을 불어넣고 있다.

이러한 의성어와 의태어의 사용은 정영숙 시에 전반적으로 들어나는 특징으로 "봉올봉올 두 발자국이 앞서거니 뒷서거니 / 투닥투닥 삼십 년 체증을 토해낸다" (「동행」 부분), "고슬고슬 익어가는 밥 냄새 / 울컥울컥 쏟아지려는 마음이 / 푹식푹식 수증기로 올라온다" (「지나가버린 바람

처럼」 부분)

"날마다 중얼중얼 잔소리 같은 기도소리에 /얼마나 귀가 가려울까 / 겨울 꽃 // 떨어지자마자 물방울 / 부시부시 날리던 꽃발들 // 뽀독뽀독해지더니 사이사이 빛을 받아 / 아이들 시린 손에 뽀드득 뭉친 꽃이 쥐여져 / 까르륵까르륵 웃음이 터져 나온다" (「귀가 간지럽다」 부분)

"튀김 솥에 지글지글 바삭 튀겨서 / 입천장이 벗겨지도록 먹어 버릴까 // 삐죽삐죽 올라오는데 향긋한 / 냄새는 벌써 혀끝을 자극한다 // 풋것의 허리를 꺾어서 잘근잘근 씹는다 // 저~ 커다란 튀김 솥이 / 토독 토독 열을 올리고 있다" (「겨울을 먹다」 부분)에서도 드러난다.

의성어와 의태어가 쓰이지 않은 시를 찾는 것이 더 빠를 만큼 정영숙 시인의 시에서 의성어와 의태어의 사용은 두드러진 특징이다. 이러한 예를 조금만 더 찾아보자면 "건들건들 봄바람이 수작 거는데", "신방에도 어기적어기적 / 문살 엿보는 눈길이 있었음을" (「배꽃 필 때」 부분), "불볕에 다글다글 달궈진", "또글또글 박혀 있는 / 씨눈이 깜박이는 소리", "딩동딩동 피아노 건반 두드리는 / 귓등에 또글또글 시늘한 풀빌레 소리" (「처서무렵」 부분), "지독한 외로움을 질겅질겅 씹어 삼킨다" (「까끌한 입맛」 부분), "쫑알대는 새끼들 주렁주렁 달고 눈칫밥도 이골 난 듯 /불끈불끈 핏대 세우는 가을 너머 / 매운 바람이 부들부들 떨고 있다” (「더부살이」 부분).

거의 대부분의 시에서 의성어와 의태어가 사용되고 있어서 일일이 다 열거하는 것은 큰 의미가 없다. 그러면 왜 정영숙 시인은 시편들 속에 이처럼 많은 의성어와 의태어를 사용했을까 하는 점이다. 의성어와 의태어를 습관적 혹은 의도적으로 사용하고 있다는 것은 시인이 리듬이나 운율에 신경을 많이 쓴 것으로 보인다. 시에서 운율을 살리는 것은 음악적인 요소를 놓치지 않겠다는 시인의 다짐 같은 것일 수도 있다. 한편으로는 무겁게 처질 수 있는 시라는 장르에 경쾌한 리듬을 부여함으로써 세상에 대한 긍정적인 시각, 긍정의 시학을 지향하려는 시인의 노력을 읽을 수도 있다.

이번 시집 전체를 아우르는 이미지 중에서 가장 큰 줄기를 형성하는 것은 계절 이미지이다. 그 중에서도 봄에 대한 이미지가 가장 두드러지는 현상으로 드러나고 있으며 이 봄은 다시 여름과 가을, 겨울을 거쳐 봄으로 돌아오는 동양의 시간관을 대표하는 순환론적인 구조를 형성하고 있음을 알 수 있다. 다른 한편으로는 지난 시간에 대한 아쉬움을 긍정적으로 견인해내려는 시적 화자의 노력을 엿볼 수 있었다. 이것은 현재 진행 중에 있는 삶과 죽음이라는 두 축에 대한 사유의 연장선으로 읽을 수 있겠다.

전체적으로 시적 형상화 부분에 많은 공을 들였다는 사

실을 확인할 수 있었으며 나름 형상화 부분에 있어서 성취를 얻어냈다고 평가할 수 있겠다. 다만 아쉬운 점은 시를 형상화하는 과정에서 불필요한 기, 승, 전의 형식에서 자유롭지 못하다는 점이다. 몇 편의 시에서는 서두 부분을 떼어내고 읽거나 혹은 마지막 결론 부분을 떼어내고 읽으면 훨씬 더 완성도 있는 작품이 될 수 있겠다는 생각이 들었다. 아마도 이런 부분들은 완벽을 추구하는 시인의 성품에서 기인하지 않았나 싶다.

또한 시인에게 있어 자전적인 이야기는 반드시 풀어내고 가야할 부분이기 때문에 첫 시집으로 마무리하고 다음 시집에서는 시가 '순간의 미학' 이라는 점에 착안하여 좀더 자유로운 시세계를 펼쳐주길 기대해본다.

끝으로 시인의 첫시집 출간을 축하하며, 이후 시인의 작품활동에 더 빛나는 성취가 있기를!

■ 소용숙

1971년 충남 부여 출생. 한신대 문예창작대학원 졸업. 공주대 대학원 국어국문학과 박사과정. 2006년 계간 『시로 여는 세상』으로 등단. 시집으로 『모서리를 접다』 등. 2016년부터 시전문지 『시와경계』에 〈지난 계절의 시 리뷰〉 연재 중. 현재 한국작가회의 회원, 대전 서구문화원 『갑천문화』 편집장.